近代建築の投影

歴史的建造物の光と影

内藤 旭惠

過去と未来の交差点

共同租界から国際都市へ

口絵写真について

光・影
（日本写真芸術学会誌〈創作編〉平成 24 年度　第 21 巻・第 2 号）

日本工業倶楽部光と影「光」
　現在、歴史的建造物のデジタルアーカイブに関する研究を実施しています。

　デジタルアーカイブの手法には、写真、CG、VR、レーザー計測、スキャンなど様々な方法がありますが、今回は、日本工業倶楽部を事例に写真を使ったデジタルアーカイブを実施しました。

　歴史的建造物は、その地に長く存在し、栄光の歴史も挫折の歴史もその身に焼き付けています。特に、丸の内の一等地に立地する日本工業倶楽部は、日本の主要産業である工業界をリードしてきた建造物です。そのような建造物の人生を写真によって光と影で表現しました。光では、時の流れを表現するため、風化がわかるように、正面玄関を撮影しました。

日本工業倶楽部光と影「影」
　影では、建造物の威風堂々たる姿を表現するため、逆光を利用して影をつけて表現しました。さらに、大正時代から存在する建造物であるため、戦争などで負った傷や暗い側面も表現しました。

栄光のかたち
（日本写真芸術学会誌〈創作編〉平成 28 年度　第 25 巻・第 2 号）

　歴史的建造物の保存に関して、7 年間研究してきた。そこで、出会った建造物の中には、保存されて人々に親しまれ、楽しい余生を送っているものと、解体を目前に控え、寂しげな余生を過ごしているものがあった。

　その集大成として、「栄光のかたち」をテーマにし、写真表現を通して、建造物の身に刻まれてきた「人々の努力」や「人々の刻苦精励の様子」を伝えられればと考える。

本研究で取り上げた建造物は、保存されて明治村で世界中の人々が訪問する旧帝国ホテルライト館と、解体を待つ建造物であり、数々の名医を輩出し、数多くの人の病を治してきた、東京大学医学部附属病院内科研究棟を対象とした。その建造物に秘められた「光と影」や「努力と栄光」を写真から感じ取って頂けるとありがたい。

　旧帝国ホテルライト館は明治村50周年記念フェスティバル期間中に撮影し、東京大学医学部附属病院内科研究棟は、解体する前日に撮影した。そのため東大病院は、解体作業用のライトとなり、明るい部分では栄光を、暗い部分では刻苦精励を表現することが叶った。

過去と未来の交差点

（日本写真芸術学会誌〈創作編〉平成30年度　第27巻・第2号）

　過去と未来が交差する大連の街に残る歴史的建造物をテーマに撮影しました。元日本人街である連鎖街は、現在も当時のまま残されていますが、高層ビル建設の波が押し寄せてくる様を表現しました。そして、大広場の写真は、周辺に残る歴史的建造物の歴史性と、放射状に延びる道路に沿って建てられた高層ビルの現代や未来的な佇まいを対比して表現しました。さらに、歴史的建造物周辺の電球光と、現代ビルのLED光を対比させることで過去と未来の交差する様を表現しています。

共同租界から国際都市へ

（日本写真芸術学会誌〈創作編〉令和2年度　第29巻・第2号）

　近代と現代を表現しました。1800年代から1900年代にかけての旧共同租界地時代の栄華を極めた情景を歴史的建造物に込めて表現しました。そして、2000年代以降の国際都市としての繁栄ぶりを浦東タワーを中心としたビル群で表現しました。一枚目の写真は、上海の共同租界が置かれていた時代（近代）に隆盛を極めていた外難地区の中でも、各国の要人が夜な夜な闊歩していた租界地の繁華街に残された歴史的建造物から当時の繁栄ぶりを伺い知ることができます。二枚目の写真は、戦後の時代（現代）に積極的に開発が行われた浦東タワーを中心としたエリアに代表されるように、外難地区の中でも、世界各国の企業が集中しているビル群から国際都市の表情を感じ取ることができます。この二枚の写真で上海の脈々と受け継がれてきた都市の記憶を表現しました。

はじめに

　本書は、第1部「歴史的建造物の保存とデジタルアーカイブ化」と第2部「現場からのリポート」によって構成されている。

　第1部は、博士論文である「歴史的建造物保存における CG を利用したディテール情報再現の実証的研究」"Practical Research on Reproduction of Detail Information by using CG in Preserving Historical Buildings" を元に書籍化したものである。歴史的建造物の保存の現状を踏まえ、全国各地に点在する歴史的建造物の中でも、明治・大正・昭和初期に建設された近代建築を中心に調査を実施し、そこから問題点を見つけ出し、実証実験を通して対応策を示したものである。長きにわたり、歴史的建造物の保存においては、完全保存や動態保存が良いとされてきたが、やむを得ず解体する場合には、図面と写真と一部の保存部材を残しておけば良いとされてきた。しかし、実際に、復原や復元、再現しようとした際には、数多くの部分において、情報が不足し、その結果、類似設計や創造設計、想像設計を多用しなければ完成しないという状況であることが明らかになった。それらの情報は、具体的にどの部分なのかということを明らかにした上で、どのような方法で情報化すれば、より多くの情報が残せるのか、三菱一号館と、東京大学医学部附属病院内科研究棟内科講堂の CG 再現を通して明らかにした。再現の結果、失われる部分は、ディテール情報であることが明らかになった。今回、その実証実験方法や解体によって失われてしまう情報を明らかにしていく過程を紹介していきたい。

　第2部は、博士論文執筆にあたり、全国各地の歴史的建造物の保存の状況を調査する際に、北海道から九州・沖縄まで全国各地で知り得た歴史的建造物に隠された物語の一部を紹介する。また、日本国内にとどまらず、中国の大連、旅順、瀋陽、長春、哈爾濱や、天津などにも足を運び、日本が戦前に建てた近代建築の状態も調査したため、そうした歴史的建造物の一部も紹介する。

　本研究は、目白大学社会学部メディア表現学科の個人研究費および特別研究費、早稲田大学大学院国際情報通信研究科博士課程の学生研究費、静岡産業大学情報学部情報デザイン学科の個人研究費、LIXIL 住生活財団研究助成金（2015 年度・2017 年度）に基づき実施した。この場を借りて御礼申し上げる。

本書を執筆するにあたり、数多くの方々からご指導や助言、資料提供いただきました。関係して下さったすべての方々に感謝し、御礼申し上げます。

多摩大学の趙佑鎮先生には本書執筆の機会を与えていただきました。また、小林英夫先生をはじめ、学長室の高野智氏、手塚悠介氏には調整作業などのご協力をいただきました。杉田文章先生、彩藤ひろみ先生、小西英行先生にはテーマや内容などについて支援いただきました。方々に感謝申し上げます。

そして博士論文執筆から本書に至るまで長いお付き合いをいただきました三菱地所株式会社および株式会社三菱地所設計の関係者の方々、東京大学医学部附属病院関係者の方々、情報提供にご協力いただいた府中市役所の方々、また、槇野岳志氏、荻野雅之氏、山中一郎氏、小針麻土氏、深澤琴絵氏、池井沙織氏、蓑和栄一氏、坪井繁佳氏、大矢真弘氏、高野弘之氏に感謝申し上げます。

最後に、株式会社文伸／ぶんしん出版の宮川和久氏には構想から構成・編集に至るまで大変お世話になりました。

多くの方々に支えられて、本書が完成したことを大変嬉しく思っております。

2022 年 3 月

【学位に関する情報】
論文名：歴史的建造物保存におけるCGを利用したディテール情報再現の実証的研究
論文英語名：Practical Research on Reproduction of Detail Information by using CG in Preserving Historical Buildings
学位授与大学：早稲田大学
取得学位：博士（国際情報通信学）
学位授与番号：甲第 5809 号
学位授与年月日：2019 年 4 月 11 日
早大学位記番号：新 8221

目　次

第2部　現場からのリポート　131

第1部

歴史的建造物の保存とデジタルアーカイブ化

CHAPTER 1

序　論

1.1 研究の背景

　近年、我が国では、歴史的建造物の価値が見直されるようになり、2003年に日本工業倶楽部会館（写真1）、2009年に三菱一号館（写真2）、2012年に東京駅丸の内駅舎（写真3）、東京中央郵便局（写真4）などの保存／修復、復原・復元、再現が行われてきた。

写真1　日本工業倶楽部会館

写真2　三菱一号館

写真 3　東京駅丸の内駅舎

写真 4　東京中央郵便局

　これらの建造物は、我が国の近代化が始まった明治時代以降の近代建築であるが、明治元年から 150 年が経過した現在、その 8 割以上が戦争や地震等の人災や天災によって失われてしまった。現存する歴史的建造物も、経年劣化や都市再開発等の影響により、その維持・保存が危ぶまれている。従来は、現物の保存や、それが不可能な場合は、主に図面と写真を用いた情報保存が行われてきた。しかし、その状況を調査してみると、そこにはいくつかの問題があることがわかった。例えば、京都

文化博物館（旧日本銀行京都支店）[1]（写真5）と中京郵便局[2]（写真6）は
いずれも歴史的建造物としての魅力を持った明治時代を代表する煉瓦建
築である。

写真5　京都文化博物館（旧日本銀行京都支店）

写真6　中京郵便局

1　京都文化博物館（旧日本銀行京都支店）：1906年竣工、辰野式建築、クイーン・アン様式、設計
　　者・辰野金吾、長野宇平治
2　中京郵便局（なかぎょうゆうびんきょく）：1902年竣工、ネオルネサンス様式煉瓦建築、設計者・
　　逓信省技師、吉井茂則、三橋四郎

前者は、1906年に建設され、現在まで当時の姿で保存されてきた。後者は、1902年に建設され、その後1974年に一部の外壁だけを残してファサード保存された。前者は、外壁はもちろんのこと、窓枠や窓ガラスに至るまで当時の状態を正確に残している。それに対して、後者の窓部分では、竣工当時の格子窓が撤去され、その部分に現代建築に使用されるサッシが取り付けられており、さらに窓の開閉方法は、竣工当時は観音扉式となっていたのに対して、現在は傾斜開閉式となっている。さらに、窓の開口部に対して新たに取り付けられた窓は小さく、その隙間を埋めるようにシャッターが取り付けられている。つまり、外壁以外は現代建築に置き換えられてしまっているのである。両建造物は、いずれも京都三条通に数件の建造物を挟んで並ぶように建てられており、人々の目に多く触れる建造物である。前者に対しては、窓ガラスの揺らぎや木製の窓枠などが、模造品ではなく、煉瓦や建造物に厚みや重みが感じられる様子から、本物の建造物らしい重厚感のある雰囲気が伝わってきて、明治時代にいるかのような錯覚を覚えるとのことであった。その反面、後者は、現代のオフィスビルのように見えるため、違和感を覚えると指摘する住民も少なくない。

　一方、2000年の第26回主要国首脳会議（九州・沖縄サミット）において文化遺産のデジタル化の推進が謳われて以後、先進国を中心に文化遺産のデジタル化への取り組みが行われてきた。デジタルアーカイブは、センサー技術などの情報取得技術、収集されたデータの処理を行うソフトウェア技術またそれを記録保存するための大容量情報記録技術、莫大な情報の中から目的の情報を探し出すための検索技術、そして処理された情報を正確に再現するための可視化技術から構成される。歴史的建造物保存の観点から言えば、特にレーザー光を用いる3Dスキャナーやリアルな再現を可能とする高度なCG技術は大きな役割を果たしている。そして、これらの技術の高度化により、現在では、凸版印刷のVRシアターによる「世界遺産のデジタルアーカイブ」にみられる

ように、高度な歴史遺産のアーカイブコンテンツも登場してきた。加え
て、インターネットの普及は、アーカイブされたこうした情報の利用範
囲を拡大し、現在では、"Google Art Project" や「ヒロシマ・アーカイ
ブ」のようなインターネットを通じた文化遺産の世界的な共有にまで
発展している。こうした状況の中で、情報可視化技術は、大きな進化
を遂げ、重要な役割を果たしてきた。その中で、CG は中心的な役割を
果たし、2011 年に導入された BRDF 技術は、それまでのものとは一線
を画す高度な質感表現を可能にし、現在では、このアルゴリズムを大
半の 3 DCG ソフトウェアが採用している。また一方、GPU（Graphics
Processing Unit）[3] などのハードウェアによる高度な CG 表現技術が登場
した結果、高度な質感表現を持つ CG 画像を実時間で生成する能力を
持つようになった。

　このように、現代の 3 次元 CG 技術は、保存された情報をほぼ現物
同様に再現する能力を持ち、さらに再現された対象物は、写真とは異な
り、インタラクティブに様々な方向から観察することが可能となってい
る。

1.2 第 1 部の目的

　第 1 部の目的は、高度な表現能力を持つ 3 次元 CG ソフトウェアを
用いて、歴史的建造物のデータの入力と可視化を行うことによって、図
面と写真による保存において、どのような情報が欠落してしまうのかを
明らかにすることである。ここでは、その欠落した情報を、「ディテー
ル情報」と呼ぶことにする。そして、二つの具体的な歴史的建造物を対
象にデータ入力と CG によるシミュレーションを行い、その顕在化を
試みた。具体的には、既に解体され図面と写真しか残されていない歴史

3　GPU（Graphics Processing Unit）：3DCG などで高速画像処理を行うための画像処理装置の意味。

的建造物の事例として「三菱一号館」を対象にして、欠落するディテール情報について検討を行った。図面と写真と文書などの残された資料から得られる情報をもとに、どこまで正確な再現が行えるかを検討するために、CGによるデータ入力およびCGによる再現シミュレーションを行った。

次に、現存する歴史的建造物の事例として「東京大学医学部附属病院内科研究棟」を対象に同様の実験に加え、図面と写真からは得られないディテール情報について現物を確認することにより入力を行った。この二つの実証を通じて、ディテール情報の具体的な内容について検討を行った。

1.3 第1部の構成

第1部の構成は以下の通りである。

第1章は、研究の背景と本研究の目的および第1部の構成を述べている。第2章は、事前調査として国内外の100件の歴史的建造物を対象に現地調査を行なった結果を示し、その現状と問題点を明らかにした。第3章では、本研究に関連するデジタル技術およびこれを用いた建造物保存に関連する先行研究を調査しまとめた。そして、その結果から本研究の方向付けを示した。第4章は、既に解体・再現が行われた三菱一号館を対象に、保存された資料の図面や写真および文書をもとにCGによる再現シミュレーションを実施し、保存資料から欠落した情報がどのようなものであるかを明らかにした。第5章は、現存する東京大学医学部附属病院内科研究棟を対象に、保存資料の図面や写真および文書に加え、現地計測を行うことによってCGによる再現シミュレーションを実施した。そして、保存資料からは欠落しているが、現物には残されている情報を明らかにした上で、それらの情報を保存するための方法を示した。第6章は、第4章および第5章の結果を比較すること

により、歴史的建造物の情報再現における、ディテール情報の重要性について検討・分析を行った結果を述べた。第7章は本研究の結論として、歴史的建造物保存における新たな方法について論じ、今後の展開を述べている。

第1部の構成と投稿論文の対応は以下の通りである。

論文Ⅰ：『写真を用いた歴史的建造物のデジタルアーカイブに関する研究 —旧帝国ホテルライト館の事例を通して』（静岡産業大学紀要論文）

論文Ⅱ：『歴史的建造物保存の現状とその CG 再現に関する検討』（情報文化学会論文）

論文Ⅲ：『歴史的建造物の高度な CG 再現におけるディテール情報と素材情報の有効性』（画像電子学会ショートペーパー）

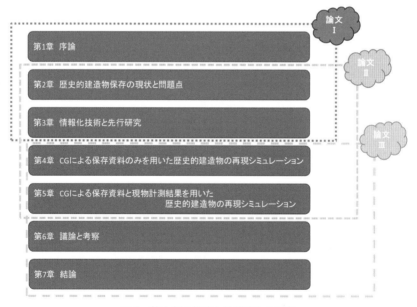

図1　第1部の構成と投稿論文の対応

参考文献

p12
・京都府教育庁指導部文化財保護課編『重要文化財旧日本銀行京都支店修理工事報告書』京都府
教育委員会（1988）
・郵政大臣官房建築部『建築記録 / 中京郵便局』郵政大臣官房建築部（1979）

p14
・Google Art Project. "Google Art Project."（https://artsandculture.google.com/）（2018 年 9 月
14 日閲覧）
・ヒロシマ・アーカイブ「ヒロシマ・アーカイブ」（http://hiroshima.mapping.jp/index_jp.html）
（2018 年 9 月 14 日閲覧）
・W. Matusik, H. Pfister, M. Brand, L. McMillan, "Efficient Isotropic BRDF Measurement",
MITSUBISHI ELECTRIC RESEARCH LABORATORIES,（2003）

歴史的建造物保存の現状と問題点

2.1 本章の目的

　本書における歴史的建造物とは、明治・大正・昭和初期に建設された近代建築を対象とする。その中でも、日本に関係のある歴史的建造物を対象に、保存の現状調査を行い、その問題点を明らかにする。調査の目的と方法は、完全保存されているものから、消失または焼失してしまったものまで、保存の状態とレベルを軸にして、ディテール情報の再現という観点から調査し分類した。そして、現状にはどのような問題点があるか明らかにする。

　その具体的な内容は、日本国内に残る近代建築と、日本が戦前にアジア諸国に建設した近代建築と、旧帝国ホテルライト館の調査の一環としてフランク・ロイド・ライトが残した歴史的建造物を調査するために、シカゴ市内に残る近代建築の視察も実施した。

2.2 歴史的建造物保存の現状

　歴史的建造物は情報学的な観点から、保存状態によって、完全保存、部分保存、再現の三段階に分けられる。完全保存は、建造物の全体が完全に保存されている状態を指す。部分保存は、復原・復元、部分再現、ファサード保存およびその組み合わせが行われている状態を指す。そして再現は、消失したものを一棟全体再現した状態を指す。ここでは、これまで調査してきた歴史的建造物の中でも、代表的な建造物を抜粋して保存の状態を以下に示す。

① 完全保存

写真 7　東京大学医学部附属病院内科研究棟 [東京大学所蔵]

　東京大学医学部附属病院内科研究棟（写真 7）は、1929 年に内田祥三 [4] によって建てられた、地上 3 階地下 1 階建て鉄筋コンクリート造 7,289㎡のゴシック様式の建造物である。中に入ると、昭和初期の病院建築の特徴を色濃く表す、長い廊下と小部屋、そして、天井に張り巡らされた複数のパイプがある。そして、内科講堂に入ると、当時劇場型の講義が行われていたことを想起させる現代では見られなくなった急勾配の階段教室が存在する。さらに、床に目を向けると、印象的な床板と石が組み合わされた装飾が施されていた。

4　内田祥三：日本の建築家、東京大学元総長、1885 年〜 1972 年、代表作（安田講堂、東大校舎、浴風園本館）

写真 8　日本郵船小樽支店

　日本郵船小樽支店（写真 8）は、1906 年に佐立七次郎[5]によって建てられた、地上 2 階建て石造 485㎡の近世ヨーロッパ復興様式の建造物である。二階には、ポーツマス条約に基づく国境画定会議が行われた部屋があり、中央に置かれた会議机には、そこで激しい議論が行われたことを想像させる傷跡や椅子の表面に付いたシミが当時のまま残されている。その後、この部屋が GHQ によって使用され粗雑に扱われたことを示すマッチの擦跡が壁面に多数残されており、白く斑点状に剥離した壁紙とともに当時の様子を今に伝えている。

5　佐立七次郎：日本の建築家、1857 年〜 1922 年、代表作（会計検査院、東京株式取引所事務所立会所、日本郵船小樽支店）

② 復原と部分再現

写真 9　旧神戸居留地十五番館

　旧神戸居留地十五番館（写真 9）は、1880 年に建てられた、地上 2
階地下 1 階建て木骨煉瓦造 170.94㎡のコロニアル様式の建造物である。
1995 年の阪神・淡路大震災で全壊したが、それ以前に正確な実測図面
が残されており、さらに全ての部材が存在したため、1998 年に完全な
姿で再建された。中に入ると、当時を偲ばせる居留地時代の洋館の特徴
的な列柱や壁板、窓の装飾がそのままの状態で復原されており、外観
は、コロニアル様式の特徴を示す装飾が正確に復原されている。残念な
ことに、免震構造の上に設置され、可動領域を作り出す必要があったた
め、外観の接地部分は、当初建築には存在しなかった溝があることや、
外へと通じる階段が空中に浮いている状態である。

写真 10　東京駅丸の内駅舎

　東京駅丸の内駅舎（写真 10）は、1914 年に辰野金吾[6] によって建てら
れた、地上 3 階（一部 4 階）地下 2 階建て煉瓦建築 14,000 ㎡のクイー
ン・アン様式の建造物である。1945 年に焼失し、1947 年に復元が行わ
れ、2012 年に復原が成された。中に入ると、大正時代の様子を伺うこ
とのできるドーム天井や干支のレリーフなどが再現されており、外観に
目を移すと、辰野式と呼ばれる煉瓦の組み方が正確に保存されているほ
か、窓枠や窓、彫刻に至るまで再現されている。一方で、復原とは呼ば
れているものの、これらをよく見てみると、現代の駅舎として利活用す
るため大正時代の状態に戻されていない部分も多い。それらは現在の建
築基準法に準拠する必要があったこと、自動券売機や自動改札などの駅
舎の機能の変化、再現性を上げるための費用対効果などによるとのこと
であった。

6　辰野金吾：日本の建築家、1854 年〜 1919 年、代表作（東京駅丸の内駅舎、国会議事堂、日本
　　銀行本店）

③ ファサード保存

写真 11　日本工業倶楽部会館

　日本工業倶楽部会館（写真 11）は、1920 年に横河民輔[7]によって建てられた、地上 5 階建て鉄筋コンクリート造（一部鉄骨造）13,070㎡のセセッション様式の建造物である。関東大震災で損傷の激しかった東側部分と中央棟を 2003 年に解体し、ビルと一体化させる手法によるファサード保存が行われた。中に入ると、大正時代を彷彿とさせる列柱や鳳凰のレリーフなどが存在するが、建造物の外観は、現代的な印象を受ける新しく焼かれたタイルが貼り付けられている。これまでファサード保存は、新築のビルの外壁に対して当初建築の外壁を貼り付けるという方法であったが、温存割合を増やすため、一部の躯体を残すという新たな手法で実施された例であり、西側部分は棟ごと切断して再結合したため、完全保存となっている。しかしながら、中央棟と東側部分は、新築による再現となっているため、創造設計・想像設計[8]も含まれている。

7　横河民輔：日本の建築家、1864 年〜 1945 年、代表作（三井本館、日本工業倶楽部、東京銀行集会所、第一生命館、帝国劇場）

8　創造設計・想像設計：建築用語、創造設計は類似設計同様に同一の建築家や同時代の建造物を参考に設計すること。想像設計は、復元者が仮定で想像し設計をすること。

④ 復元と部分再現

写真 12　旧帝国ホテルライト館

　旧帝国ホテルライト館（写真 12）は、1923 年にフランク・ロイド・ライト[9]によって建てられた、地上 5 階建て鉄筋コンクリート造・煉瓦コンクリート造 34,000 ㎡のプレイリー様式の建造物である。1967 年に当初建築は解体され、中央玄関部分は博物館明治村に移築された。内観は、ライト建築の特徴が正確に再現されている。一方、外壁は、一部の柱を除き、新規材による再現となっており、現代建築的特徴を持っている。これらのことは、移築の際に保存されていた部材の保存状態が悪かったことと、部材同士の位置関係を示す情報が不明であったため、再現することが不可能であり、全ての部材を新規材で作り直し、再現したとのことであった。

9　フランク・ロイド・ライト：アメリカの建築家、1867 年～ 1959 年、代表作（旧帝国ホテルライト館、ロビー邸、落水荘、グッケンハイム美術館、山邑邸）

⑤ 再現

写真13　三菱一号館

　三菱一号館（写真13）は、1894年にジョサイア・コンドル[10]によっ
て建てられた、地上3階地下1階建て煉瓦建築6,000㎡のクイーン・ア
ン様式の建造物である。1968年に当初建築は解体され、2009年に同一
街区に再現が行われた。内観外観の大半が正確に再現されているが、残
念なことに、現代建築の特徴である、冷暖房設備や、消防設備、エレ
ベーターなどが取り付けられている。これらについては、三菱地所の関
係者によると、それらを撤去することによって、明治時代の竣工時のま
まの状態に復元できるように考慮されているとのことであった。しかし
ながら、細かい箇所に注意を向けると、採光窓、通気口、屋根装飾など
の部分が竣工当時の写真とは異なることが判明した。
　以上のように、当初の建築が現存する場合と、復原・復元、再現され
たものが存在する場合があり、後者に関しては保存資料の不足により、

10 ジョサイア・コンドル：イギリスの建築家、1852年〜1920年、代表作（鹿鳴館、三菱一号館、
　大隈重信邸温室、旧岩崎邸）

重要な情報が欠落し、部分的に創造設計・想像設計が行われたという事実があった。さらに、そのレベルも建造物により異なり、細部まで再現しているものもあれば、大雑把に似ていればいいとしたものまで存在した。また、建築基準法[11]等による法的な制限によって当初建築同様に復原・復元や再現できなかった箇所も存在することが明らかになった。

　図2は、情報学的観点から歴史的建造物の保存状態に応じて区分したものである。上述した①〜⑤では、それぞれのケースに対応した事例を示した。そこで、本研究では、今回調査を許可された①完全保存の事例である東京大学医学部附属病院と⑤の再現の事例である三菱一号館を例にして、CG再現を通した実証的研究を行った。

図2　情報学的観点から歴史的建造物の保存状態に応じて区分したもの

---

11 建築基準法：1950年に制定された法律で建築に関する基準を示したもの、前身は1919年に制定された市街地建築物法が存在した

2.3 調査結果から見えた問題点

　以上述べたように、完全保存の場合は問題があまりみられないが、保存の割合が減少するにつれ、様々な問題が発生していることが明らかになった。

　東京駅丸の内駅舎の例では、東京大空襲で焼失する以前に、図面や写真による保存がなされていなかったため、正確な再現とはならなかった。日本を代表する駅舎であるため、当時のポストカード（図3）や写真集などが残されているが、部屋全体や駅舎全体を広角で撮影した画像が多く、ディテール情報が不鮮明であった。さらに、図面は焼失・散逸により、不完全な状態で残されていた。

図3　東京駅丸の内駅舎ポストカード [岡本哲志氏所蔵]

　従って、残された図面や写真を参考に復原を行った結果、詳細部分については類似設計や創造設計・想像設計を余儀なくされた。ドーム付近に配された干支のレリーフのように不鮮明な図面・写真による不正確な再現が行われた箇所もある。

　次に、三菱一号館の例にみられるように、当初図面の一部と解体時実測図面と写真が残されているが、図面に記されている形状と写真に写り

込んでいる形状が異なっている部分もあった。それらは、設計変更や改修工事、経年劣化によるものである。また、地階の採光窓にはめ込まれたレリーフの形状は、図面上には存在せず、竣工時の写真と解体時の写真では形状が異なっていたため、正確な再現を行うには情報が不足していた。さらに、竣工当時の写真に写り込んでいる形状を再現するには写真が不鮮明であるため、創造設計・想像設計が行われた。

次に、日本工業倶楽部会館の例では、一部保存された現物を設計図通りに作られた筐体にはめ込もうとした際に寸法が一致しなかったことと、保存予定であった部材が廃棄されてしまったことによって正確な再現が行われなかった部分が存在した。これらは作業者の人為的ミスといえる。

さらに、旧帝国ホテルライト館や旧神戸居留地十五番館の事例では、両者ともに図面や写真と全ての部材が残っていたにもかかわらず、前者は新規部材を用いて再現され、後者は当初部材を用いて復原された。前者は、明石[12]らによって解体時に調査研究が行われ、写真と実測図面による詳細な情報の保存が行われた後で、博物館明治村[13]において復元が実施されたが、ディテール情報の不足により、当初部材による復元がされなかった。その後、新規部材を用いて再現が行われた。後者は、株式会社ノザワ[14]によって詳細な実測図面と写真が残され、さらに当初部材が全て残っていたためそれらを利用して復原された。両者の差異は、部材同士の位置関係や、部材の取り付け位置の情報の有無によることと、部材に残されたディテール情報の保存状態の良し悪しによるものである。

---

12 明石信道：日本の建築家、1901年〜1986年、早稲田大学教授、代表作（新宿区役所、山梨県庁新館、山梨公会堂、新宿武蔵野館、千代田女子学園）
13 博物館明治村：愛知県犬山市にある博物館、歴史的建造物の移築保存し動態保存を行っている、1965年開園
14 株式会社ノザワ：建材を扱う日本企業

つまり、ディテール情報は、解体や不慮の事故によって容易に壊れてしまうが、写真や図面に詳細なデータが残され、かつ、保存部材があり、かつ、その部材の位置関係が明確である場合には、ほぼ完全な復原が可能であるということが判明した。しかし、このようなケースは稀であり、これらのディテール情報を正確に保存することで、完全なる復原に貢献することができる。

参考文献

p21
・内田祥三『内田祥三先生作品集』鹿島研究所出版会（1969）
・東京大学『東京大学医学部附属病院図面』東京大学（1934）

p22
・北川佳枝，入澤企画制作事務所，入澤美時，島弘美『近代商業建築を観る―旧日本郵船株式会社小樽支店の再生（INAX ALBUM 3）』INAXo（1992）

p23
・ノザワ『旧神戸居留地十五番館保存修理工事報告書』ノザワ（1993）
・ノザワ『重要文化財旧神戸居留地十五番館災害復旧工事報告書』ノザワ（1998）

p24
・東日本旅客鉄道株式会社『重要文化財 東京駅丸の内駅舎保存・復原工事報告書』東日本旅客鉄道株式会社（2013）

p25
・三菱地所株式会社『日本工業倶楽部会館歴史調査報告書 解体調査構造調査編』三菱地所株式会社（2001）
・三菱地所株式会社『日本工業倶楽部会館歴史調査報告書 資料編（1）（2）』三菱地所株式会社（2001）

p26
・明石信道『旧帝国ホテルの実証的研究』東光堂書店（1972）
・西尾雅敏『帝国ホテル中央玄関復原記』博物館明治村（2010）

p27
・三菱地所株式会社『三菱一号館復元工事報告書』三菱地所株式会社（2010）

p28
・建築資料研究社『日建学院「建築基準法関係法令集」』建築資料研究社（2017）

p30

・明石信道『旧帝国ホテルの実証的研究』東光堂書店（1972）
・西尾雅敏『帝国ホテル中央玄関復原記』博物館明治村（2010）
・ノザワ『旧神戸居留地十五番館保存修理工事報告書』ノザワ（1993）
・ノザワ『重要文化財旧神戸居留地十五番館災害復旧工事報告書』ノザワ（1998）

CHAPTER 3

情報化技術と先行研究

3.1 本章の目的

　一般に、建造物を情報化する場合には、寸法情報、色彩情報、マテリアル情報が必要となる。歴史的建造物の再現を目的とする保存において、各部の空間的位置関係を正確に残すためには、図面や写真などの二次元情報の保存だけでは不十分であり、3次元情報を用いることで、空間的な位置関係も保存することができる。そのためには、3次元CGを用いることが妥当であろうと考えた。なぜならば、CGの再現技術が高度化し、リアルな対象物を任意の視点から観察できるためである。これらの技術について列挙するとともに、先行研究では、どのような技術を用いて歴史的建造物の情報化が行われ、そして、保存においていかなる方法論が用いられているか分析する。

3.2 歴史的建造物の情報化と可視化

3.2.1 歴史的建造物の情報化

　現在、歴史的建造物の情報化においては、寸法情報、色彩情報、マテリアル情報の計測が必要と考えられている。寸法情報の計測は、最も重要な情報と考えられており、計測技術も進化しつつある。計測対象が、建造物の外寸や内寸であるため、比較的大きな対象物の非接触計測が可能なレーザー計測器が主に用いられる。

　レーザー計測器は、メジャーで実測することが難しい場所の距離を計測するために用いられる。レーザー光が対象地点に当たり戻ってくるまでの時間から計測器と対象地点間の距離を算出する。二地点までの距離とその間の角度から三角測量の方法によって二地点間の距離を算出することができる。レーザー光源の種類や強度によって計測範囲は決定され、一般的には、1mから100m程度の範囲の距離を計測が行われている。またこの時の計測精度は、測定法にもよるが、0.3〜0.5%の精度

で計測することが可能となっている。この方法を応用した計測装置として、３Ｄスキャナーやライダー、レーザ　レンジファインダーなどがある。

　デジタルアーカイブにおける色彩情報は、材質や素材が持つ固有の色と塗料などによって表現された色があり、その扱いが異なっている。色彩情報については、特に、色彩のみの情報化は行われておらず、主に対象物の材質や素材の情報化が行われている。これまで歴史的建造物の保存再現においては、部材の保存と合わせて材質や素材の名称や数値情報の保存が行われてきた。また、アナログ写真による保存は、フィルム等の劣化によって長期保存には適さない。そこで近年は、測色器による色彩計測も行われ始めたが、まだ試用段階である。その理由は、一点の色彩情報を計測することは可能であるが、グラデーションのようになっている部分や、計測地点によって値が刻々と変化してしまうため、煉瓦などの焼きムラなどがある場合に正確に測色できないことと、周囲の環境条件や太陽光線の影響も受けるため、日時によって同一の箇所でも大きな誤差が生じる可能性があるためである。デジタルアーカイブにおけるマテリアル情報は、金属の材質や素材情報と、その他の材質や素材情報、さらに塗料の情報に分けられる。これまで、材質や素材の情報は、現物の部材や、写真によって保存されてきた。従って、材質や素材の情報を正確に保存する方法はこれまで確立されてこなかったが、近年 W.Matusik [15] らの研究を通して BRDF（Bidirectional Reflectance Distribution Function）が開発され、高度な質感表現が可能となってきた。この技術は、実際の物体に対して、単一の線光源を当てその屈折光の強さを計測し関数化するとともに、複数の線光源を当てその反射光の強さを計測し関数化することで、従来手法に比べ、より現物に正確な質

---

15 W.Matusik：アメリカ合衆国マサチューセッツ州ケンブリッジに拠点を置く三菱MERL
　　所属の研究員、CG技術の開発者

感表現を可能とした。材質や素材を情報化保存する技術として、テクスチャー画像がある。材質表面のパターンを二次元情報としてカメラや2Dスキャナーを用いて二次元の画像化を行い、テクスチャー画像の生成を行う。現物の部材表面を直接スキャンするため、現物の部材から表面情報を収集するため、より正確な保存が可能であり、部材の傷などの情報も保存することができる。デジタル画像とは、画素と呼ばれる長方形が二次元格子状に整列したもので、各画素は、輝度または、RGBの値を持つ。横方向縦方向の長方形数をそれぞれ横解像度縦解像度と呼び、その階数が大きいほどより鮮明な画像を表現することができる。現在のデジタルカメラでは、長方形の画素の総数が、数千万にも及ぶものもあり、非常に解像度の高いパターンや模様を記録することができる。また、2Dスキャナーにおいては、より細かくて大きな解像度を持つ画像を生成することも可能であり、これらを用いることによって、非常に高精細なパターンや模様を記録保存することが可能となっている。また、各画素が持つ輝度やRGB色彩のダイナミックレンジも拡大され、HDR（High Dynamic Range）と呼ばれる諧調の記録再現性に優れた技術も登場している。

3.2.2 歴史的建造物の可視化

歴史的建造物の可視化は、1980年代以前は、モックアップやミニチュアモデルが主に用いられていた。1980年代に誕生したCG技術の高度化によって、情報化保存されたものを立体的に再現することが可能になった結果、情報化保存の価値も高まった。現代のCG技術は非常に進化しており、前述したような高度な質感情報の再現やテクスチャー画像を用いた対象物のリアルな再現が可能になるとともに、シェーディングアルゴリズムの高度化による陰影技術の確立や、リアルな光線の反射屈折シミュレーションを実現することが可能なレイトレーシング技術などの一般化により、現実と見分けがつかないまでの高度な写実的表現を

行うことが可能になっている。また、高速 CG 計算技術の発達により、こうした高度に写実的な画像をリアルタイムに計算処理を行うことが可能となり、インタラクティブな CG 映像表現や VR 技術の併用による仮想現実も可能になりつつある。

　様々な保存技術が確立された現在では、容易に情報を取得することができるようになっており、今後は、歴史的建造物の保存に大いに活用できると考える。

3.3 先行研究

　これまで、歴史的建造物を情報化することや歴史的建造物のデジタルアーカイブ[16] は、国内外において多くの研究者によって取り組まれてきた。以下に、これまで取り組まれてきた先行研究を示し、本研究との相違点を明らかにする。まず、歴史的建造物や文化財を情報化する取り組みとして、池内[17] や山田[18] らの研究がある。彼らの研究は、レーザー計測器を用いてアンコールワット遺跡や奈良の大仏の三次元形状を収集したものである。各部の 3 次元情報を収集し、画像合成することで、精密かつ正確に表面情報を保存することを実現した。彼らの手法は、最初にベースとなる 3 D モデルを CG ソフトウェアで作成し、そこに、収集した 3 次元データを重ね合わせ、不要な部分や誤差の大きい部分を削除するという手順で行われた。歴史的建造物の詳細な表面情報を収集するという点においては優れているが、柱や壁の陰になり見えない場所や窓ガラスのような透明の箇所は、レーザー計測器では収集できないと

---

16 デジタルアーカイブ：博物館・美術館・公文書館などの所蔵資料や自治体・大学・研究機関などの公共性が高いデータを電子化して管理・公開するシステム。絵画・彫刻・文書・写真・音声・映像などを対象とし、インターネットを通じて資料目録を検索したり、デジタル画像などを閲覧したりできる。（大辞泉）
17 池内克史：日本の研究者、日本のコンピュータビジョン分野の計算機科学者、1949 年〜
18 山田修：日本の研究者、3D 技術を用いた彫刻文化財修復のエキスパート、1973 年〜

いった欠点があることや、収集したデータ量が膨大になる上に、収集したデータを画像合成する必要がある点、さらに、レーザー光が空気中に浮遊するチリ等によって散乱されるために生じるノイズや誤差も収集したデータには含まれているため、これらの情報を処理できる能力を持つ人材が必要である点などを考えると、解決すべき問題は多い。さらに、表面情報に着目したという部分は参考になるが、本研究が対象とするディテール情報の収集という観点からは、レーザー計測器で表面全体の情報を収集してしまうと、レリーフや装飾、装飾品、柱などを判別することや、特定の部分を抽出することは難しい。次に、歴史的建造物の構造情報とディテール情報に着目した加戸[19]の研究がある。歴史的建造物のディテール情報と内部の構造情報に着目し、このディテールを表現するためには、内部がどの様な構造になっており、また組立手順はどうしているのかといったことを3DCADでシミュレーションを行った研究である。加戸の手法は、ディテール情報に着目した点と、3DCADでディテール情報を再現したという点が本研究と類似しているが、本研究で対象とするディテール情報とは異なる。また、写真を用いた歴史的建造物の保存としては、二見[20]らの研究がある。現存する街並みを写真で保存し、デジタルアーカイブ化する研究である。現存する歴史的建造物の情報保存としては評価できるが、材質情報[21]や素材情報[22]、質感情報[23]などに曖昧さが残る。また、本研究の動機となったのが、「写真を用いた歴史的建造物のデジタルアーカイブに関する研究—旧帝国ホテルライト館の事例を通して—」があるが、写真で撮影するとテラコッタ煉瓦に見える部分も、実際に触ってみるとオレンジ色のゴムだったという問題

---

19 加戸啓太：日本の研究者、伝統木造建築とデジタルアーカイブの専門家、1983年〜
20 二見直弘：日本の研究者、日本の建築家、一級建築士
21 材質情報：材料としての性質情報（大辞泉）
22 素材情報：もとになる材料の情報（大辞泉）
23 質感情報：材料の状態や材料の性質の違いから受ける感じなどの情報（大辞泉）

や、当初材だと判断して写真で撮影した部分も実際に細かい部分まで現物を確認すると新規材であるという問題もあった。この結果から、問題点を発見したことが、本研究の動機になっている。以上の研究を踏まえ、歴史的建造物の情報保存においては、歴史を想起させるディテール情報とは何かについて明らかにしたいと考えた。図面や写真のみによるCG再現を行い、次に、現物が存在するものを実測によって再現を行うという二つの方法で実際にCG技術を使ってシミュレーションを行うことによって、歴史的建造物に関するディテール情報の一端を明らかにしたいと考えた。前者は三菱一号館を、後者は東京大学医学部附属病院内科研究棟を対象に実施した。

参考文献

p34
・原雄司『不可能を可能にする 3D プリンター × 3D スキャナーの新時代』日経 BP 社（2014）
・Leica."D810 touch Pro Pack.",（https://lasers.leica-geosystems.com/jp/disto-pro-packs/d810-touch-pro-pack）（2018 年 9 月 14 日閲覧）

p35
・W. Matusik, H. Pfister, M. Brand, L. McMillan, "Efficient Isotropic BRDF Measurement", MITSUBISHI ELECTRIC RESEARCH LABORATORIES,（2003）

p36
・MAXONJapan."Cinema4D.",（https://www.maxonjapan.jp/archives/73）（2018 年 9 月 14 日 閲覧）

p37
・池内克史, 大石岳史『3 次元デジタルアーカイブ』東京大学出版会（2010）
・山田修, 高瀬裕, 畑中達也, 池内克史『歴史的建造物における 3 次元形状取得技術の活用研究』日本建築学会大会学術講演梗概集（2001):377-378

p38
・加戸啓太, 平沢岳人『伝統木造建築物のデジタルアーカイブ化における部品雛形と部品に関する研究』日本建築学会計画系論文集,76.662（2011）
・二見直弘, 木村素明, 長幾朗『地域における景観資産の視覚化』日本建築学会学術講演梗概集（2005):543-544
・内藤旭恵『写真を用いた歴史的建造物のデジタルアーカイブに関する研究旧帝国ホテルライト館の事例を通して―』静岡産業大学情報学部研究紀要,17（2015):285-342

CHAPTER **4**

CGによる保存資料のみを用いた
歴史的建造物の再現シミュレーション

4.1 本章の目的

　本章の目的は、図面と写真と文書から欠落するディテール情報を明らかにすることである。

　本章では、図面や写真と文書から欠落するディテール情報を明らかにするために、保存されていた資料のみから CG 技術による三菱一号館の再現を試みる。

　本研究では、まず図面や写真や文書などを中心とした保存資料を参照しながら CG ソフトウェアを用いて建造物の 3 次元形状を入力する。次に、図面や写真からは読み取ることができなかった情報は何かについて検討と考察を行う。最終的には、CG 画像生成における再現性の低い箇所を具体的に示し、創造設計や想像設計への依存度を低減するための方法について考察を行う。

4.2 三菱一号館について

写真 14　三菱一号館 [三菱地所所蔵]

三菱一号館（写真14）は、皇居前の一帯の地を取得した三菱財閥によって日本で最初に建てられた近代のオフィスビルである。当時来日していた英国人建築家ジョサイア・コンドルによって設計され、イギリスのクイーン・アン様式を基調とした煉瓦建築である。日本の武家屋敷の構造である門と塀に囲まれた一軒家の考え方を取り入れた独自の設計になっている。近代化を推し進める日本において、西洋列強の文化や都市に近付けるため、一丁倫敦を形成するという考え方の下、都市計画や都市開発が行われていた当時の状況を表している。当該建造物は、東側と西側に延びる煉瓦建築として一棟で構成されているが、内部は、縦割りの構造になっており、通りに面したドアから入ると、各会社が独立して、地階から3階までを利用できるようになっている。二章に記したように、当該建造物は、1968年に一度解体され、2009年に再現が行われた。また、資料の保存状態は良く、明治時代の竣工時の資料は、一部の図面と一部の写真が残されていたが、解体時の実測図面や写真は詳細なものが残されている。しかしながら、解体された当時の部材は、ほとんど残っていない状況である。

4.3 CGを用いた再現シミュレーション

　三菱一号館のCG再現を行うために、まず保存された資料の収集を行なった。表1にその概要を示す。本建造物が現物再現されたのは2009年のことであるため、保存資料は本建造物の所有者である三菱地所株式会社および株式会社三菱地所設計に保存されており、本研究のために両社より表1に示した資料が提供された。

表1　三菱一号館関連資料（三菱地所・三菱地所設計保有資料）

資料名	著者	出版社・発行元	出版年
三菱一号館復元・工事報告書	三菱地所・三菱地所設計	三菱地所・三菱地所設計	2010 年
当初図面・（竣工当時）	三菱地所・三菱地所設計	三菱地所・三菱地所設計	1894 年
実測図面・（解体時）	三菱地所・三菱地所設計	三菱地所・三菱地所設計	1968 年
写真	三菱地所・三菱地所設計	三菱地所・三菱地所設計	1894 〜 1968 年

表2　三菱一号館関連資料（収集資料）

資料名	著者	出版社・発行元	出版年
丸の内今と昔	三菱地所	三菱地所	1952 年
三菱地所社史・上中下巻	三菱地所	編纂室	1993 年
東京人	都市出版	都市出版	1997 年
鹿鳴館を創った男	畠山けんじ	河出書房新社	1998 年
THE 丸の内 100 年の歴史ガイド	三菱地所	三菱地所	2001 年
物語ジョサイア・コンドル	永野芳宣	中央公論社	2006 年
一号館アルバム	梅佳代	求龍堂	2009 年
一丁倫敦スタイル	岡本哲志	求龍堂	2009 年
「丸の内」の歴史	岡本哲志	武田ランダムハウスジャパン	2009 年
ジョサイア・コンドル	建築画報社	建築画報社	2009 年
新建築 2010 年 2 月臨時増刊三菱一号館	新建築社	新建築社	2010 年
岩崎弥太郎「三菱」の企業論	中野明	朝日新聞出版	2010 年
三菱一号美術館	三菱地所	武田ランダムハウスジャパン	2012 年
週刊ダイヤモンド	ダイヤモンド社	ダイヤモンド社	2016 年

　表1と表2の資料を元に、CG ソフトウェアを用いてデータ入力を行った。本制作で使用したシステムおよびソフトウェアを表3に示す。

表3　システム構成

名称	詳細
コンピュータ	MacBookPro 15" (2015 mid)
CPU	Intel Core-i7 4core 8 thred (clock = 2.6GHz)
メモリ	8GB
HDD	SSD 512GB
OS	OS X Mavericks
3DCG ソフトウェア	Cinema 4D R17
2DCG ソフトウェア	Adobe CS6

表4　参照情報

場所	情報	入力情報	入力元資料
建造物全体 外壁煉瓦 窓／窓枠／扉 屋根 建造物背面	構造・ディテール	平面図と側面図のマッチングを行い3次元座標（X,Y,Z）の各要素をm単位で手入力寸法不明箇所は写真に写り込む部材を定規で計測して縮尺を計算して対応	竣工当時の図面 解体時の実測図面 再現時の図面 三菱一号館復元工事報告書 P221 ～ P253・P263 ～ P280
外壁煉瓦	色彩・質感	写真をもとにして色彩と質感の情報を入力	三菱一号館復元工事報告書 P251
窓	色彩・質感	写真をもとにして色彩と質感の情報を入力	三菱一号館復元工事報告書 P251
窓枠	色彩・質感	写真をもとにして色彩と質感の情報を入力	三菱一号館復元工事報告書 P235,P251
扉	色彩・質感	写真をもとにして色彩と質感の情報を入力	三菱一号館復元工事報告書 P235,P251
屋根	色彩・質感	写真をもとにして色彩と質感の情報を入力	三菱一号館復元工事報告書 P235,P236
建造物背面	色彩・質感	写真をもとにして色彩と質感の情報を入力	三菱一号館復元工事報告書 P234

　三菱一号館の CG 再現に際して、表1表2の資料を参照し、表3に示したシステムにおいて、表4に示したようにデータの入力を行った。

写真 15 や図面 1、図面 2 などの資料を参照して、画像 1 に示したように、Cinema 4D 上でモデルの制作を行った。

写真 15　三菱一号館 [三菱地所所蔵]

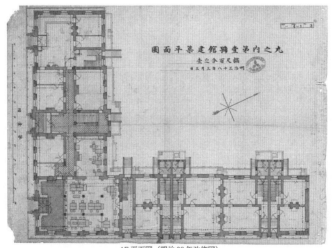

1F 平面図（明治 38 年改修図）

図面 1　三菱一号館平面図 [三菱地所所蔵]

断面購顧・立面図 (設計図)

図面 2　三菱一号館立面図 [三菱地所所蔵]

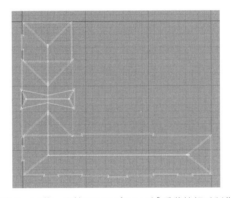

画像 1　三菱一号館 CG モデリング [重藤祐紀氏制作]

　なお再現対象としては、三菱一号館の代表的な部分であり、クイー
ン・アン様式の特徴を色濃く残している東側と南側外壁とした。その理
由は、保存資料も多く検証しやすいという点と、視覚的に見て三菱一号
館の特徴を判断できる点があげられる。

　三菱一号館の CG 再現の手順は以下の通りである。

【手順1】資料収集

● 当該建造物に関連する資料を収集

　ここでは、表1に示した資料の提供を三菱地所株式会社および株式会社三菱地所設計より受けた。併せて、表2に示した通り、表1で提供を受けた資料に引用されていた書籍やインターネットで三菱一号館や三菱財閥、三菱地所に関係する資料の検索を行い取得した。

● 資料の取得

● 資料の検索

● 資料の購入

【手順2】資料整理

● 図面の確認

○ データ入力を行う際に必要となる寸法情報を確認

　問題点1：寸法を示す値が異なっていたまたは記載がなかった

　　寸法を示す値が、明治時代の設計図面はインチ表記であり、明治時代の施工図面は寸尺表記となっていた。また、寸法を示す値が未記入であったこと、設計図面に対して施工図面がほとんど保存されていなかったことなどが問題となった。さらに、単位を統一する際に、精度をどのようにとるかといった問題も発生した。

○ 関係者にヒアリングを行う

　　部材が存在する場合は、部材が真であり図面上には必ず誤差があるため、部材を実測して対応することが望ましいとのことであった。一方、部材が存在しない場合には、図面を信じて四捨五入などの方法で対応するほかないとのことであった。

○ 寸法情報に関する対応策

　　本ケースでは、解体後時間が経過しているため、部材がほとんど現存しないため、図面を実測する方法を採用した。本ケースでは、寸法表記がない箇所に関しては、図面を定規で測り、他の箇所との比率で

整合性が保てるような対応をし、単位系は全てセンチ・メートル表記に変換し、小数点以下は四捨五入する方法を採った。

● 写真の確認

○ データ入力を行う際に必要となる形状情報を確認

　問題点2：設計変更や改修工事が多岐にわたっており、同一部分でも年代により形状が異なっていることがわかった

　　幾度となく補修工事や改修工事が実施されており、様々な視覚的変化が生じているため、こうした部分への対応方法を検討する必要があった。

○ 形状情報に関する対応策

　　CG再現においては、ディテール情報の内容を明らかにすることが主な目的であるため、図面と写真から得られる情報のみで入力を行った。

○ データ入力を行う際に必要となる素材情報、材質情報、質感情報、色彩情報の確認

　問題点3：素材情報、材質情報、質感情報、色彩情報は、図面上には一部彩色されていたが具体的な情報は残されておらず、写真から推測するしかなかった

○ 素材情報、材質情報、質感情報に関する対応策

　　CG再現において、素材情報、材質情報、質感情報は、写真をもとに推測する形で対応した。また、煉瓦や石、金属などあらかじめCGソフトウェア上で用意されているマテリアル情報を活用して対応した。

○ 色彩情報に関する対応策

　　CG再現においては、色彩情報は、写真をもとに推測する形で対応した。CGソフトウェア上ではRGBそれぞれ8bitの精度で入力を行った。色彩情報に関しては、正確に再現することは難しいため、制作者主観により判断した。そのため、色彩の再現精度には問題があるが、今回は、色彩に関しては言及しないため、本方法を採用した。

【手順3】入力データの検討

- 手順2までで精査した資料をもとに、設計変更箇所や改修工事部分の洗い出しを行い、図面や写真上、不明瞭なディテール情報の洗い出し
- 図面上に寸法情報や形状情報の記載漏れがないか確認
  - 寸法情報の記入漏れは定規で実測して対応
  - 形状情報の記入漏れは写真を確認して対応
- 設計変更や改修工事部分を明確化
  - 設計変更や改修工事がある部分は、図面に対象箇所を追記
- 素材や材質が不明確な部分を洗い出し
  - 図面や写真から判断できない部分は図面に対して注意書き

【手順4】ベースとなるCGモデルを制作する

- 手順3までで集めた情報をもとにデータ入力
- PCとCGソフトウェアを用いて制作（画像2）（画像3）
- CGの制作方法はCGのマニュアルに従う

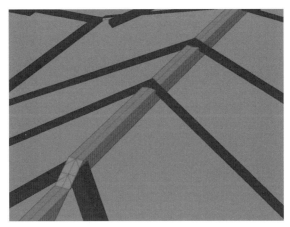

画像2　三菱一号館データチェック用CG拡大画像［重藤祐紀氏制作］

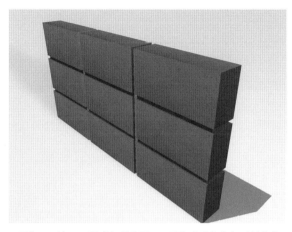

画像 3　煉瓦の質感色彩計画 CG 画像 [重藤祐紀氏制作]

【手順 5】ディテール情報の検討

　手順 4 で制作した CG モデルの基本データが完成したところで、ディテール情報の検討を実施する。

●完成した CG モデルの確認

○図面や写真から得られる情報をもとに制作した CG モデル（画像 4）であるため、本来存在するはずのディテール情報が欠落しており違和感が生じた

○完成した CG を様々な資料画像と比較を行い、その差異について検討

○その結果として明らかになったことを列挙

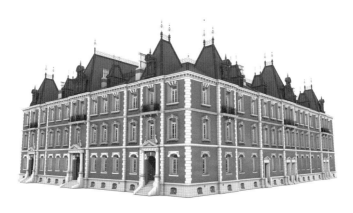

画像 4 三菱一号館 CG 再現画像 [重藤祐紀氏制作]

　以上、手順1から手順5が CG 再現の流れである。

4.4 結果

　図面や写真からだけでは、ディテール情報の多くを読み取ることがで
きず、個々の部材は、改修工事によって形状や素材・材質が変更されて
いるケースが多く、竣工当時の部材情報で再現するか、改修後の部材情
報で再現するのかといった問題があった。特に、多かったのは、窓枠で
あり、竣工当時はスチール製が用いられていたが、改修後は木製になる
など、形状と素材や材質が共に変更されていた。竣工当時の詳細な情報
を得ようとする場合には、不鮮明な写真と一部の図面から読み取るしか
術がなく、図面には、詳細な部分まで記述されていないケースが多いた
め、得られなかった情報も多数存在した。一方で、解体直前の詳細な情
報を得ようとした場合は、状態鮮明な写真も残されており、再現の容易
さを考慮すると選択しやすいが、改修後の状態を選択する場合には、図
面が存在しないため、寸法情報や形状情報といった情報を得ることはで
きず、写真を参照して寸法は目分量または部材が写り込んでいる写真を

実測して対応することになる。いずれの場合も、創造設計・想像設計を多用しなければならず、図面や写真のみから情報を得る決定的な手法は存在しなかった。

　ここからは具体例を示しながら、三菱一号館のCG再現について述べる。まず、写真16に示した部分は、解体直前に撮影されたものであるが、ディテール情報に関して3点問題がある。

写真16　三菱一号館業務フロア［三菱地所所蔵］

　1点目は、窓枠である。右側の窓は竣工当時の窓枠が入っているのに対して、左側の窓は改修工事後の窓枠となっているため、共に形状情報などのディテール情報が異なっている。さらに、竣工当時の窓枠は詳細な図面があるため寸法情報や形状情報などのディテール情報を追うことができるが、改修工事後の窓枠は図面が存在しないため、それらのディテール情報を得ることができない。また、既に三菱一号館は解体されているため、現物を計測することができず、いずれのケースを採用しても創造設計・想像設計となる。2点目は、蛍光灯の問題である。竣工当時

は、まだガス灯が主流の時代であり、蛍光灯など存在しない時代に建てられているため、改修工事後に蛍光灯に付け替えられた可能性が高いが、什器類は建造物の構造物ではないため、図面等も存在せず、さらに明治時代の写真は、外観写真が中心であるため、いかなる照明器具が設置されていたかは不明である。従って、こうした照明器具の再現も創造設計・想像設計となる。3点目の問題は、改修工事による大幅な間取りの変更である。当初、この部屋は、銀行営業室であったため、1階と2階が吹き抜けになっており、本来このフロアには床は貼られていなかった。従って、CG再現する上でも、図面と写真から得られる情報だけ見ても、同一部分で差異が生じており、さらに、寸法情報や形状情報などのディテール情報も不足しているため、多くの部分で創造設計・想像設計する必要があった。次に、写真17は、写真18と同様に解体直前に撮影されたものであるが、この写真からでは、複数の情報を読み取ることができない。

写真17　三菱一号館業務フロア［三菱地所所蔵］

写真18　三菱一号館業務フロア［三菱地所所蔵］

　1点目は、一番奥の扉で、写りが暗くドアの形状情報や彫刻の状態などのディテール情報を読み取ることができず、さらに右側の扉は上から下まで黒に塗装されているのに対し、左側の扉は上部が白で下部が黒に塗装されており、素材情報や材質情報などのディテール情報も不明である。さらに、左側の天井に目を移すと、黒く見える部分があるが、これらも換気口なのかスピーカーなのかといった情報や、金属なのか、木製なのかといった素材情報や材質情報などのディテール情報が不明である。最後に、柱や天井に目を移すと、パネル等でマスキングされており、竣工当時の状態を把握することができない。この一枚の写真だけでも、形状情報や素材情報、材質情報、質感情報などのディテール情報が不明であり、創造設計や想像設計せざるを得ない箇所は多い。

　写真18は、写真16、写真17と同一の部屋で撮影されたもので、撮影時期が異なるものである。写真16や写真17は、天井や柱がマスキ

ングされていたのに対して、写真18は剥き出しになっていることがわかる。しかしながら、この写真だけでは、彫刻のディテール情報や天井のディテール情報が不足しており、いずれの箇所をCG再現する場合でも創造設計や想像設計せざるを得ない状況であった。写真19は、先に示した部屋の竣工当時の状態を示す写真である。

写真19　三菱一号館銀行営業室 [三菱地所所蔵]

　明治時代の雰囲気や様子は伝わるが、CG再現や現物再現において必要となるディテール情報を得ることはできない。雰囲気や様子といった抽象的な情報では、具体的に再現することは不可能である。例えば、床材は、木が貼ってあるような印象を受けるが、保存部材から判明した情報によると天然スレート石だったのである。また、中央の列柱は、詳細は不明であるが、同時期に建てられたジョサイア・コンドルや弟子が設計した建造物では、内部をコンクリートで施工し、コンクリートの柱を

挟み込む形で、くり抜いた木を被せることで強度を向上させていたという記録もあり、写真や図面だけではディテール情報は把握できないのである。

　次に、実際に写真や図面を参照してCG再現を行った際に、ディテール情報が欠落しており、具体的に再現できなかった箇所を示す。まず、図面3に存在する右下の地階採光窓である。

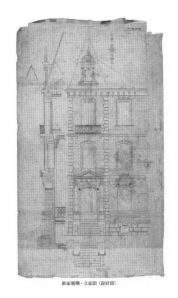

断面展開・立面図（設計図）

図面3　三菱一号館立面図［三菱地所所蔵］

　図面3には窓といった記載もなく、石積みの間に穴が開いているという表現に留まっている。他の階の窓部分も同様に空欄になっているため、恐らく、別図面になっている可能性が高いが、他の階の窓図面は残されていたが、地階部分の窓図面は現存しなかったため形状情報や寸法情報などのディテール情報は不明である。次に、図面だけではディテール情報が不足していたため、地階窓が写り込んでいる可能性のある写真

を調査した。その結果、写真20と写真21に写り込んでいる写真を発見した。

写真20　三菱一号館エントランス［三菱地所所蔵］

写真21　三菱一号館エントランス［三菱地所所蔵］

しかしながら、写真20は、竣工当時を写したものと思われるが、何か模様が入ったレリーフがはめ込まれていることが確認できるが、写真21を確認すると、解体直前に撮影されたものであり、形状情報の異なる鉄格子がはめ込まれていた。さらにその奥に窓ガラスのようなものが存在するようにも見え、時代によって部材が異なっていることがわかる。その結果、どちらの形状情報を採用するにしても創造設計や想像設計を用いる必要があった。

　以上の結果をもとに、ディテール情報を検討した結果が画像5から画像8に示す創造設計CG画像である。

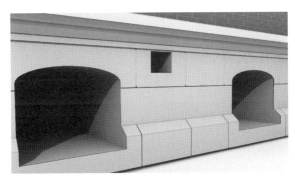

画像5　創造設計A　［重藤祐紀氏制作］

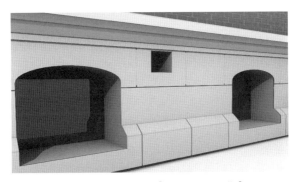

画像6　創造設計B　［重藤祐紀氏制作］

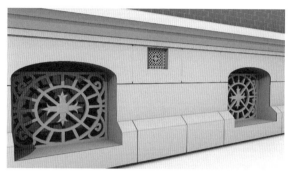

画像7　創造設計 C　[重藤祐紀氏制作]

画像8　創造設計 D　[重藤祐紀氏制作]

　画像5と画像6は、図面を真として捉え、単純に空洞だけ設けたパ
ターンと、窓として理解し、窓枠とガラスを挿入したパターンである。
日本建築の場合は、湿気を放出するために、基礎部分に空気穴を設け、
その開口部は空洞にしているケースが多いため、その類似構造と考え
た場合には、画像5の状態が真となる。しかしながら、多くの西洋建
築では地階や地下があり、納戸としての用途で設けられる場合が多いた
め、その際には窓ガラスが挿入されるため、窓ガラスは必要であると考
えられる。しかしながら、画像5も画像6も図面から得られる情報か
ら創造設計・想像設計を行う場合には、いずれも真となりえるが、写真

20 や写真 21 の写真も併せて参照すると、その理屈は覆されることとなる。そこで、写真 20 に写り込んでいる写真を拡大し、創造設計・想像設計を加えながら写真をトレースする形で紐解いていくと、画像 7 に示した模様を得ることができる。写真を用いることで、おおよその形状情報を得ることはできたが、白黒写真であるため、色彩情報や素材情報、材質情報などを得られないことや、写真は平面情報であるため、奥行き情報などが不足しており、結果的に、創造設計・想像設計を交えないと矛盾のない CG 画像として成立しなかった。

　次に、写真 21 を参照して、CG 再現を行うと、画像 8 に示した CG 画像のようになる。しかしながら、画像 7 と同様に寸法情報や形状情報、素材情報、材質情報、質感情報、色彩情報などのディテール情報の不足により、これ以上の再現は不可能であった。また、どちらの部材も、CG 画像上で矛盾が生じないように敷設しているが、これ以上のディテール情報は得られなかったため、金属金具などでの固定方法などは不明であり、現物で物理的な矛盾が生じないレベルでの再現はできなかった。従って、現物再現を実施する上では、固定方法において物理的に破綻することは否定できない。

　故に、図面や写真などの残された情報だけでは、現物に対して、正確な再現とはならないということが明らかになった。さらに、異なる部分でも評価を行ったため以下にその詳細を示す。

　屋根装飾のディテール情報について考える。屋根部分の CG 再現にあたっては、写真の枚数や図面も非常に少なく、ディテール情報の大幅な不足は明らかであった。写真 22 の写真を確認すると、屋根には避雷針や様々な装飾品が設置されているが、図面 3 の図面には、屋根に至る手前で情報が失われており、屋根部分のディテール情報を確認することができなかった。

写真 22　三菱一号屋根装飾［三菱地所所蔵］

　従って、創造設計・想像設計を行うか、図面をトレースしなければ、屋根装飾を CG 再現することができなかった。そこで、CG 再現においては、図面と写真に残る大雑把なディテール情報から、形状情報をトレースする形で対応した。しかしながら、寸法情報は得られないため、あくまでも図面や写真からトレースした屋根装飾の画像を CG データ上に敷設しただけで、奥行きなどの情報は存在しないものとなった。まず、図面や写真を参照して屋根部分の CG データを制作した。そこで完成した CG 画像が、画像 9 に示したものである。

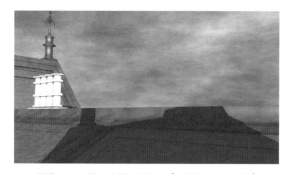

画像 9　三菱一号館屋根部分［重藤祐紀氏制作］

ディテール情報が不明であるため、まず装飾品が存在しないパターンのCG画像を制作したが、情報不足は否定できなかったため、図面や写真をトレースする方法で屋根装飾のCG再現を行った。その結果得られた画像が、画像10に示したものである。

画像10　三菱一号館屋根部分［重藤祐紀氏制作］

　しかしながら、ディテール情報の大部分が失われており、詳細不明であるため、CG画像上成立させることは実現できたが、現物に対して正確な再現とはならなかった。

　次に、ドーマー窓にも同様のことがいえる。図面には明記されていないが、写真23ではドーマー窓の側面の部材の素材情報や材質情報が異なっているように見える。

写真 23　三菱一号館東側外壁 [三菱地所所蔵]

　屋根部分は、近隣のビルから見下ろす形で撮影するか、下から見上げて撮影する方法のいずれかしかないため、屋根部分のみを拡大した写真が存在せず、ディテール情報を得るには難易度が高かった。その結果、CG 再現においても、幾度となく創造設計・想像設計を繰り返し行い、より写真に近い状態にする努力を行う必要があった。

　写真 23 を参照して、素材情報や材質情報を変更した画像 11 と画像 12 の画像を用意して比較を行った。

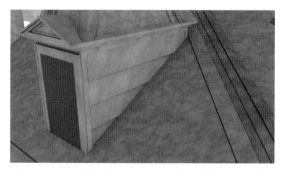

画像 11　三菱一号館ドーマー窓（木製）[重藤祐紀氏制作]

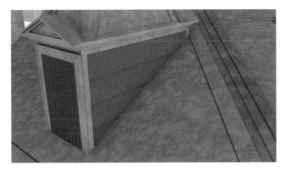

画像 12　三菱一号館ドーマー窓（銅製）[重藤祐紀氏制作]

　その結果、写真 23 に近い CG 画像を制作することは可能であった
が、雰囲気が似ている程度であり、現物に対して正確に再現できたと
はいえない。よって、解体前に、CG 再現を実施しなければ、これらの
ディテール情報が失われ、結果的に現物に対して正確な再現が行えない
のである。歴史資料を紐解いていくと、ドーマー窓の側面は、木材で成
形され、その上に、銅版が貼られ、雨が侵入しないような対策が施され
ていたことが保存されていた文書から判明したが、図面や写真からだけ
では読み取ることができなかった。

　図面や写真から得られるディテール情報をもとに、CG 再現および
CG 画像評価を行ってきたが、数多くの箇所において、創造設計・想像
設計を多用しなければ CG 再現することができず、結果としては、解
体前に様々な部分のディテール情報を収集しておかなければ、CG 再現
および現物再現することは不可能であった。さらに、三菱一号館の CG
再現を通して図面と写真だけでは、あらゆる部分において、ディテール
情報が不足し、現物に対して正確な再現を行うことができなかった。

　三菱一号館の CG 再現を通して、図面や写真から不足する情報は、
寸法情報、形状情報、素材情報、材質情報、質感情報、色彩情報などの
ディテール情報であることが明らかになった。

参考文献

p44
・三菱地所株式会社『三菱一号館復元工事報告書』三菱地所株式会社（2010）
・三菱地所株式会社『丸の内今と昔』三菱地所（1952）
・三菱地所『丸の内百年のあゆみ三菱地所社史上巻』三菱地所株式会社社史編纂室編（1993）
・三菱地所『丸の内百年のあゆみ三菱地所社史下巻』三菱地所株式会社社史編纂室編（1993）
・三菱地所『丸の内百年のあゆみ三菱地所社史資料』三菱地所株式会社社史編纂室編（1993）
・都市出版『東京人 no.118 1997 年 7 月号特集：コンドルさんの謎ニコライ堂鹿鳴館の建築家』
　都市出版（1997）
・畠山けんじ『鹿鳴館を創った男―お雇い建築家ジョサイア・コンドルの生涯』河出書房新社
　（1998）
・三菱地所株式会社『THE 丸の内 100 年の歴史とガイド』三菱地所株式会社（2001）
・永野芳宣『物語 ジョサイア・コンドル―丸の内赤レンガ街をつくった男』中央公論新社（2006）
・岡本哲志『一丁倫敦と丸の内スタイル―三菱一号館からはじまる丸の内の歴史と文化』求龍堂
　（2009）
・梅佳代, ホンマタカシ, 神谷俊美, 児島やよい, 内田真由美『一号館アルバム―梅佳代・ホンマタ
　カシ・神谷俊美 3 人の写真家による三菱一号館復元の記録三菱一号館竣工記念展』求龍堂
　（2009）
・岡本哲志『「丸の内」の歴史 丸の内スタイルの誕生とその変遷』武田ランダムハウスジャパン
　（2009）
・建築画報社『ジョサイア・コンドル』建築画報社（2009）
・新建築社『新建 2010 年 2 月臨時増刊三菱一号館 Double Context 1894-2009 誕生と復元の記
　録』新建築社（2010）
・中野明『岩崎弥太郎「三菱」の企鹿島業論 ニッポン株式会社の原点』朝日新聞出版（2010）
・三菱地所株式会社『三菱一号館美術館―丸の内に生まれた美術館』武田ランダムハウスジャパン
　（2012）
・ダイヤモンド社『週刊ダイヤモンド 2016 年 1/30 号（三菱最強伝説）』ダイヤモンド社（2016）

CHAPTER **5**

ＣＧによる保存資料と
現物計測結果を用いた歴史的建造物の
再現シミュレーション

5.1 本章の目的

　本章では、4章で図面や写真から欠落する情報として明らかになったディテール情報を CG によって正確に保存するために、図面や写真などの保存されていた資料と現物から歴史的建造物の CG 再現を試みる。再現対象となる建造物は、1929 年に建てられた東京大学医学部附属病院内科研究棟を取り上げた。本建造物は、近代日本を代表する歴史的建造物の一つとして昭和初期を代表する鉄筋コンクリート造建築である。内田祥三によって建てられた代表的な歴史的建造物であり、解体が決定されているがまだ現存することにより現物と CG データを比較することが可能であるため、本研究の目的に合致していると判断した。さらに、国立大学であるため資料の保存状態は良好であり、当初図面や写真類は、数多く残っていたため、本建造物を対象とした。

5.2 東京大学医学部附属病院内科研究棟について

写真 24　東京大学医学部附属病院内科研究棟 [東京大学所蔵]

東京大学医学部附属病院内科研究棟（写真24）は、東京大学本郷キャンパスの敷地内の最東端に建設された建造物である。当該建造物は、江戸時代末期から明治時代にかけて使われた木造建築や煉瓦建築の校舎や外来、病棟などが、関東大震災で被災したことでスタートした「キャンパス復興計画」の一環で計画が推進された建造物である。内科研究棟は、東京大学医学部附属病院にある歴史的建造物の中でも特に記念碑的な存在であり、現存する内田祥三による附属病院建築の中でも、最も昭和初期の病院建築の特徴を表現している建造物となっている。長くつながる廊下を中央に配し、その両側には、外来診療を行っていた時代の名残である小部屋が整列しており、さらに、南側には診察室や病室が置かれ、北側には研究室や実験室、講義室などが置かれている。これらの考え方も、設備が不十分であり、最大限自然の摂理を利用しようとした昭和初期の病院建築の特徴でもある。日光が直接入射する南側には、病原菌の繁殖や院内感染を抑えるために、診察室や病室が配されているが、一方で、北側には、実験で用いるための細菌の繁殖を促すために直射日光が入射しない位置に研究室や実験室、講義室などが配されている。さらに、放射線の危険性や安全性が現代ほど明らかになっていなかった時代を物語るように、放射線治療室や放射線管理区域は地階（地下）に設けた上で厚いコンクリートで覆われた部屋が用いられるなど、用途ごとに部屋を設計していたことが明らかであった。これらの経験が活かされ、放射線の安全性が明らかになった現代ではコンクリート壁の厚さは減少したが、地階や1階に設けられているケースが多い。こうした内科研究棟の中でも、最も特徴的であり、内田祥三の能力が最大限に発揮されている部屋が内科講堂である。中に入ると、圧倒される階段状の机と椅子が並んでおり、さらに、一階席と二階席が存在するという非常に珍しい構造となっていた。また、高い天井には採光用の窓が取り付けられており、直接太陽光が黒板や被験者に対して当たらないような工夫が凝らされていた。現在では、見ることのできなくなった大学にお

ける劇場型の講義も、当時は一般的であり、また、実際に患者を被験者として登壇させて、講義を行っていたことを理解することができる空間となっていた。そこで、本研究では、調査が許された内科研究棟の中でも、最も特徴的である内科講堂を例にして実証を行うこととした。

5.3 CGを用いた再現シミュレーション

本研究では、まず図面や写真や文書などを中心とした保存資料を参照しながらCGソフトウェアを用いて建造物の3次元形状を入力する。次に、図面や写真からは読み取ることができなかった情報を図面や写真と現物を比較することで、その差異を明確にする。最終的には、CG画像と現物を比較し、より現物に近付けることで、図面や写真から欠落するディテール情報の保存を行う。

東京大学医学部附属病院内科研究棟の事例では、東京大学医学部附属病院のパブリック・リレーションセンターより文献等の資料を、管理課施設管理チームより表5に示した図面や資料の提供を受けた。また、写真に関しては、東京大学医学図書館より閲覧および複写依頼によって提供を受けた。併せて、永井良三先生や矢作直樹先生より情報提供を頂いた。

表5　東大病院関連資料（東京大学保有資料）

資料名	著者	出版社・発行元	出版年
東京大学医学部附属病院内科研究棟図面集	東京大学	東京大学	—
東京大学医学部附属病院外来患者診療所図面集	東京大学	東京大学	—
東大病院外来診療のご案内	東京大学医学部附属病院	東京大学医学部附属病院	—
東大病院だより	東京大学医学部附属病院	東京大学医学部附属病院	2000〜現在
医学部卒業アルバム	東京大学	東京大学	1960〜1990年

表6　東大病院関連資料（収集資料）

資料名	著者	出版社・発行元	出版年
内田祥三作品集	内田祥三	鹿島建設出版会	1969 年
東京大学本郷キャンパス案内	木下直之ほか	東京大学出版会	2005 年
医学生とその時代	東京大学医学部・医学部附属病院 創立 150 周年記念アルバム編集委員会	中央公論新社	2008 年
東大病院 Web サイト	東京大学医学部附属病院	東京大学医学部 附属病院	―
東京大学医学部附属病院の概要	東京大学医学部附属病院	東京大学医学部 附属病院	2017 年
東京大学 Web サイト	東京大学	東京大学	―

　次に、現地調査の詳細について、表 7 対象範囲、表 8 現地調査で用いた機材、表 9 現地調査人数の順で示す。

表7　対象範囲

対象物	階数	参照情報	設計変更／改修	図面との差異
机	1 階・2 階	図面・現物	設計変更	部材の変更
椅子	1 階・2 階	図面・現物	―	変更なし
床面	1 階・2 階	図面・現物	現場合わせ	一部石材に変更
壁面	1 階・2 階	図面・現物	現場合わせ	寸法誤差大
黒板	1 階・2 階	図面・現物	設計変更・改修	設計変更・改修多数
天井	1 階・2 階	図面・現物	不明	一部プラスチックに変更
扉	1 階・2 階	図面・現物	改修	一部鉄製に変更
窓	1 階・2 階	図面・現物	改修	スチール・ステンレス変更
照明器具	1 階・2 階	図面・現物	改修	一部蛍光灯へ変更
電装品	1 階・2 階	図面・現物	改修	改修多数

表 8　現地調査で用いた機材

使用機材	機材名
一眼レフカメラ	Nikon D4
レンズ	AF-S NIKKOR28-300mm f/3.5-5.6G ED VR
スピードライト	SB-5000
	SB-910
	SB-600
	SB-400
三脚	SLIK 三脚 カーボン 723 EX III 3 段 中小型 107942
	Velbon カーボン三脚 中小型 4 段 3Way 雲台マグネシウム製 Geo Carmagne N545M 441966
GPS	Nikon GPS ユニット GP-1
レリーズ	Nikon リモートコード MC-36A
レーザー計測器	レーザー距離計 Leica DISTO™ D810 touch
照度計	iPhone アプリ Luxi ライトメーターードーム for ALL（マルチデバイス対応）

　表 5 からは、国立大学であったため、資料管理もしっかりと行われ
ており、より多くの図面や資料が残されていたことが理解できる。表 8
からもわかるように、ごく一般的に入手可能な機材を用いて CG 再現
作業を実施した。

表 9　現地調査人数

時期	人数
2014 年	2 名（実測 1 名、製作 1 名）
2015 年	4 名（実測 2 名、製作 2 名）
2016 年	3 名（実測 1 名、製作 2 名）

　表 9 からもわかるように、現地調査は、最小限の人数で実施し、解
体工事までの許される年限内に完了できるように作業を実施した。

内科講堂内部の現地調査および CG 再現の手順は以下の通りである。基本的に前半部分は、第 4 章の手順に従うが、当該建造物は、現物が現存するため、後半部分は手順が異なる。

【手順 1】現地本調査と現地 CG 制作

　制作した CG モデルの基本データが完成したところで、現地調査に切り替え、図面 4 や図面 5 に示した図面と、写真 25 に示した内科研究棟や写真 26 に示した内科講堂の現物を確認しながら現地にノート PC を持ち込んで CG 制作を行った。

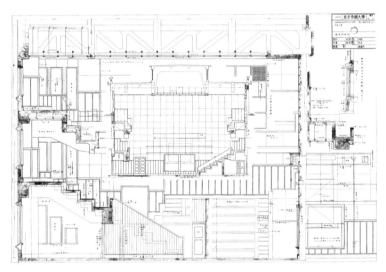

図面 4　東京大学医学部附属病院内科研究棟内科講堂正面立面図 [東京大学所蔵]

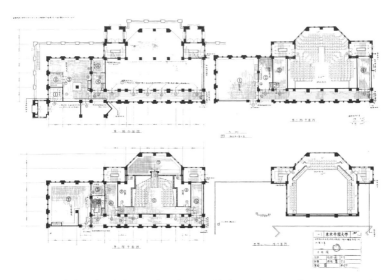

図面 5　東京大学医学部附属病院内科研究棟内科講堂平面図 [東京大学所蔵]

写真 25　東京大学医学部附属病院内科研究棟 [東京大学所蔵]

写真 26　東京大学医学部附属病院内科研究棟内科講堂〔筆者撮影〕

　三菱一号館の事例と同様に、最初に、図面や写真を参照してベースと
なる CG モデルの制作を行った上で現地本調査に入ったため、無駄な
作業を省略することができた。

● 図面や写真と現物が異なる部分の CG データに対して、現物を確認
　 しながら CG データの修正（画像 13）
● 寸法情報の確認と CG へのデータ入力
● 形状情報の確認と CG へのデータ入力

画像 13　東京大学医学部附属病院内科研究棟内科講堂 CG 制作画像 [重藤祐紀氏制作]

【手順2】現地本調査と現地 CG 制作本仕上げ

　手順1では、現地本調査を実施し、CG データの形状情報を現物に近付けていく作業を実施したが、手順2では、素材情報や材質情報と色彩情報、採光情報などの追加を行っていくこととした。本研究におけるディテール情報は、寸法情報や形状情報などの部材の基本情報と、現物の部材に含まれている素材情報、材質情報、質感情報、色彩情報に分けることができ、手順2では、素材情報、材質情報、質感情報、色彩情報を CG によって保存する作業を実施した。当該建造物の事例では、許可を得て壁板を一枚剥離し洗浄して表面の状態を確認した。また、椅子の腰掛部の表面の状態は、許可を得て椅子を取り外して室外に持ち出し色などを確認しながら CG 再現を行った。また、取り外しができない机の添え木部分は、懐中電灯や蛍光灯ランタンなどで照らしながら現物の状態を確認した。

●素材情報・材質情報・質感情報の確認と CG へのデータ入力
●色彩情報の確認と CG へのデータ入力

【手順3】現地本調査完了と現地制作 CG 完成

　手順1と手順2を繰り返し実施し、最終的には、現地において現物と CG モデルを何度も繰り返し照らし合わせながら、より精度の高いものにするための CG 制作作業を実施する。そして、現物と遜色のない状態に達した段階で現地本調査完了と現地制作 CG 完成とする。

　当該建造物の事例では、床、壁面、什器の順番で作業を実施し、解体までの複数年かけて作業を完了させた。内科講堂は、ゴシック様式であり、複雑な形状をした装飾は存在しなかったため、床や壁面はさほど時間を必要としなかったが、什器類は、設計変更があったことや改修工事などで部材が追加されていたこと、さらには机の取り付けや構造が複雑に床材と組み合わされていたことなどから、時間を要することとなった。また机は、図面上には、単純に床に取り付けてあるだけの表記と

なっていたが、上段の机と下段の椅子が一体型となっていたほか、椅子の跳ね上げ構造なども、左右の椅子で一つの留め金となっていたことなどから、時間をかけて CG データに情報を入力した。最終的に、内科講堂の全体像が完成し、情報の抜けや漏れ、ミスがないことを確認して CG 画像（画像 14）（画像 15）が完成した。

● 情報の抜けがないことを確認
● 情報の漏れがないことを確認
● 情報のミスがないことを確認
● CG データ上で部材が接地していないなどの矛盾がないことを確認

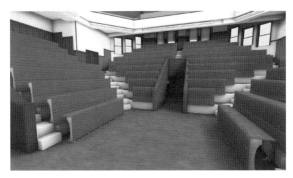

画像 14　東京大学医学部附属病院内科研究棟内科講堂内観 CG 再現画像
[重藤祐紀氏制作]

画像 15　東京大学医学部附属病院内科研究棟内科講堂黒板部分 CG 再現画像
[重藤祐紀氏制作]

以上、手順1から手順3がCG再現の手順である。次に、現地において発見した問題点と、現物には残されていて図面や写真上から欠落するディテール情報について示す。

5.4 結果

現物計測によるCG再現を通して以下に示すことが明らかになった。

画像16は、東京大学医学部附属病院内科研究棟の現地調査において制作を実施した内科講堂内観CG再現画像である。

画像16　東京大学医学部附属病院内科研究棟内科講堂内観CG再現画像
［重藤祐紀氏制作］

本CGは、内科講堂をステージ側から観客席側を見た状態を示した画像である。正面が1階席であり、上部に写り込んでいる部分が2階席を示している。また、採光状態は、春先の昼過ぎの状態に設定してある。従って、通常の日常の様子を示したものである。

現地で現物を確認しながらCG再現を行ったことで、様々なことが明らかになってきた。これまでのヒアリング調査の結果、他の歴史的建造物において、「仕事ムラ」や「現場合わせ」は存在したが、内科講堂も同様の結果であった。そこで、今回の現地調査で、仕事ムラと現場合

わせの情報をどのように CG 再現するかということも検討した。仕事ムラや現場合わせに対しては、現地調査における実測に基づいて、図面と実測の寸法が違う部分を明確にし、CG データに正確な値を入力することである。当初図面上の寸法は整数で規定されており、壁板全て等間隔で配されていることになっていたが、現物を実測すると全て数 cm 単位で誤差が含まれていた。つまり、多くの箇所で、現場合わせが行われていた証拠である。実際に最初に齟齬が発生した部分は、写真 27 に示すスクリーン制御盤と照明スイッチ部である。

写真 27　東京大学医学部附属病院内科研究棟内科講堂スクリーン制御盤〔筆者撮影〕

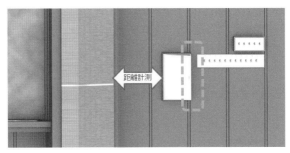

画像 17　スクリーン制御盤図面参照位置 [重藤祐紀氏制作]

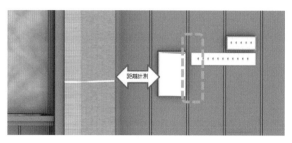

画像 18　スクリーン制御盤現物参照位置 [重藤祐紀氏制作]

　図面を参照して、教室前面の黒板部分を CG データ化した際、スクリーン制御盤や照明スイッチが図面上に存在しなかったため、現物を実測することで対応した。その際、床からの高さと黒板の縁からの距離を実測し、実測値を CG データに入力したところ、画像 17 に示したように壁面の節目にスクリーン制御盤が干渉してしまったのである。これにより、図面と現物の間の寸法に大幅な乖離が存在していることが確認できた。そこで方法を変更し、あくまでも現物に残された情報を正確に保存することが主な目的であるため、壁板一枚ずつ実測し、現物の寸法と CG データ上の寸法が等しくなるように、CG データに実測値を入力した。実測した値をもとに壁面の節をずらしたことで、スクリーン制御盤が画像 18 に示した様に現物と同じ位置に収まることが確認できた。現物が存在することで、図面や写真から得られる情報と現物の差を確認しながら、現場で修正することができるため、正確な CG 再現と情報保存が可能となった。その結果、仕事ムラや現場合わせといった情報も CG データとして残すことができた。これまで様々な歴史的建造物の関係者にヒアリング調査を行ってきた結果、多くの場所で日常的に「現場合わせ」や「仕事ムラ」が存在したとのことであった。実際に内科講堂の調査でも同様の結果となった。また、明治・大正・昭和初期に建設さ

れた建造物は、設計図面[24] と施工図面[25]、竣工図面[26] がある可能性が高い
と言う話もあり、正確な寸法は、施工図面と竣工図面に残されている可
能性が高いとされてきた。多くの施工業者は中小の建設会社や下請け会
社、町工場の職人が請け負うことが一般的であり、施工図面と竣工図面
はそうした者が現場レベルで作成していたため、竣工後に破棄されてし
まっているか、散逸している可能性が高く、これらの情報は残りにくい
のである。内科講堂も同様の状況であったため、解体前に現地調査を実
施しなければ、これらの情報を残すことはできなかった。

　次に、「設計変更」や「改修工事」による変更情報の保存方法を示す。
設計変更や改修工事による変更は、現地調査において、図面と現物の形
状が異なる部分を明確にして CG データ化することである。設計変更
部は、特徴的な箇所としては机の横の部材があげられる。設計図面で
は、金属製の固定金具となっているが、設計変更図面と現物は、木製の
添え木となっていた。写真 28 は机と椅子の現物写真である。

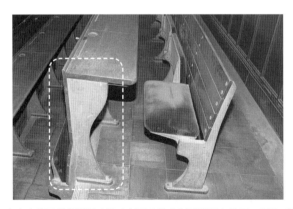

写真 28　東京大学医学部附属病院内科研究棟内科講堂机と椅子の現物〔筆者撮影〕

24 設計図面：設計した建造物・機械などの形状・構造・寸法を一定の決まりに従って記した図面（大
　辞泉）
25 施工図面：土木建築工事で、実施設計図に基づいて作られる、各種工事の詳細な図面（大辞泉）
26 竣工図面：竣工時に実測値に基づいて作られる図面

写真 28 を確認すると、金属部分と同一の色に塗られていたため違和感がなく、部材を触らなければ木製であるという情報を見落としてしまう可能性があった。この発見は、図面の中に、設計変更前と変更後の情報が混在しており、どちらが正しいのか判断できなかったため、実際に現物を目視し、さらに触れることで、木製であり金属金具と同じ緑色の塗装で仕上げられていたことがわかった。図面 6 は、初期設計段階の机と椅子の図面であり、金属製であることが示されている。図面 7 は設計変更後の机で、金属製から木製に変更されていることが記されている。

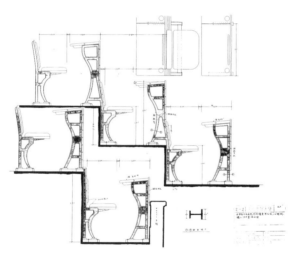

図面 6　内科講堂机と椅子初期設計図面 [東京大学所蔵]

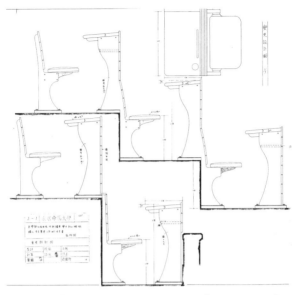

図面 7　内科講堂机と椅子設計変更図面 [東京大学所蔵]

　コストの削減や部材の入手の容易さが考慮されたものと考えられる。図面上には木材の種類までは記載がないため、材質情報や素材情報、色彩情報も記録するためには、部材を保存しておくか、CG データのパーツ情報に材質情報や素材情報も入力して、さらに色彩情報もテクスチャーで再現しておく必要がある。

　次に、改修工事部分は、前面の黒板部分があげられる。現物に残された複数の改修痕を確認すると、複数回にわたり手が加えられていることが容易に想像できる。黒板の左右に取り付けられた複数のスイッチからも時代の変遷によってスクリーンを変更してきたことがわかる。写真29 は、現在の黒板の取り付け状況である。

写真 29　東京大学医学部附属病院内科研究棟内科講堂正面黒板部分〔筆者撮影〕

　フレームの内側に黒板とスクリーン用の白板が収納されていることが
確認できる。さらに、中央に取り付けられている茶色のボックスの中に
は巻き取り式のスクリーンが収納されている。白いボックスの中には蛍
光灯が３本収納されており、黒板を照らす照明として後に追加された
ものであると考えられる。この様に、竣工後に追加された部材や什器に
関しては、図面にも残っていないことと、いつの時代に改修工事が成さ
れたかといった情報も残されていないため、変遷までは追うことができ
なかった。こうした部分は、特に、図面には残されていないので、CG
再現しておく必要があるポイントでもある。また、部材として、CG
データ化しておけば、CG ソフトウェアのパーツの表示・非表示機能を
用いることで、改修前の状態や改修後の状態を自由に表示変更させるこ
とも可能であるため、より多くの部材を CG 再現しておくことが望ま
しいと考える。
　最後に、採光情報[27]の保存方法について示す。採光情報の保存に関し
ては、現地調査の時期によって、館内に差し込む日差しの角度が変化

---

27 採光情報：室内に日光などの光線をとり入れるための情報（大辞泉）

し、内部空間の印象を変化させていたのである。こうした情報を発見したのは、壁面に塗られた塗料は、館内で確認すると、薄暗い茶色に見えていたが、許可を得て壁板一枚剥がし、外の直射日光で確認したところ鮮やかなワインレッドであったことが判明した。従って、太陽光が、歴史的建造物に与える影響は大きいことが明らかになり、情報保存においても、印象を決める大きな要素であるということが現地調査を通してわかった。こうした採光情報は、図面や写真では採光状態を保存しておくことができないため、CG上で保存しておく必要がある。今回は、光量計を用いて各所の光量を測定し、CGデータ上の太陽の位置を決定した。そして、太陽光の情報を考慮してCG再現を行ったのが、画像19に示した黒板部分のCG再現画像である。

画像19　内科講堂黒板部分 CG 再現画像 [重藤祐紀氏制作]

　内科講堂は、黒板やステージ部分に直射日光が差し込まないように窓の配置が設計されているため、夏場でも冬場でも自然光のみで程良い明るさが保たれ、照明装置が無くても講義ができるような仕組みになっていた。さらに、黒板の前に被験者や患者を寝かせて講義や実習が行われるため、黒板前のスペースにも直射日光が当たらないように設計されており、その部分には、天窓から間接光が差し込む仕組みになっていた。

次に、本事例を通して、特に図面からは欠落するが現物には残っている情報は、以下に示すディテール情報である。具体的には、三菱一号館のCG再現において明らかになった各部材に関する、寸法情報、形状情報、素材情報、材質情報、質感情報、色彩情報などの部材の状態を示す詳細な情報である。例えば、内科講堂においては、講義に使用する黒板や黒板を支える枠、室内の明るさを保つための採光窓、講義に集中するための座席などの詳細情報である。内科講堂のCG再現に際しては、三菱一号館のCG再現と比較すると、細かな彫刻や細工が施されている部分は非常に少ない上に、現物が存在したため、現物を触りながらCG制作を行うことができたため、CG再現における自由度は非常に高かった。しかしながら、歴史的建造物であることに変わりはなく、図面に記載されている情報が正しくない部分があることや、図面ではディテール情報が省略されているなどの問題は至るところで発生し、いかに図面上に残されている情報が曖昧であるかということが明らかになった。そこで、最大限現地に赴き、現物を確認しながらディテール情報を正確にCGデータに保存するよう取り組んだ。時間の許す限りあらゆる部材を実測し、正確にCG再現することは可能であったが、複雑な形状の部材は、実測だけでは不十分であり、様々な方法でCGデータ化を行った。

　まず、写真30に示した床部分は、図面8の図面上は全て板貼りとなっていたが、現物は石と板が組み合わさっていた。さらに、許可を得て板貼りを剥離したところ、内部は素の状態のコンクリートであった。

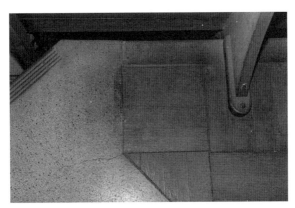

写真 30　東京大学医学部附属病院内科研究棟内科講堂内科講堂床部分〔筆者撮影〕

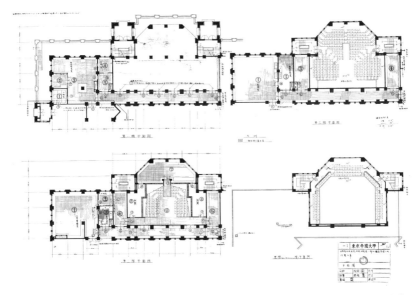

図面 8　東京大学医学部附属病院内科研究棟内科講堂階段部分図面 [東京大学所蔵]

　また、写真 30 に示した階段部分は、複雑に入り組んでいたため、実測するとともに、様々な角度から部材を確認し、CG データに値を入力した。さらに、一見一枚の石で構成されているように見えていたが、許

可を得てハンマーで解体してみたところ、コンクリートに小石を混ぜて成形していたことが明らかになった。

写真 31　東京大学医学附属病院内科研究棟内科講堂階段部分〔筆者撮影〕

　写真 30 や写真 31 に示した部分を図面 8 で確認すると、省略されていたり、床全面が板貼りになっていたりするため、現物を確認することで情報を保存する必要があった。従って、図面からは、こうしたディテール情報が欠落していることが明らかになった。そして、実測だけでは対応できなかった部分が、写真 32 に示した黒板下壁板と、写真 33 に示した階段部の手摺である。写真 32 の黒板下壁板の節の部分は、平面と曲面で構成されており、さらに全て曲面の半径が異なっていたため、データ化することは困難を極めた。図面 9 に示した図面上にも、壁板と壁板の間には立体的な節が存在することは明記されていたが、具体的な形状情報や寸法情報が示されていなかったため、最終的には、分度器で角度を測ることや、同様の曲面の棒を当てるなどしてディテール情報を確認したのである。また、写真 33 に示した階段部の手摺は、実測だけでは対応できないため、部材と CG データを様々な方向から確認し、比較しながら CG データの値を修正していった。

写真 32　東京大学医学部附属病院内科研究棟内科講堂黒板下壁板〔筆者撮影〕

写真 33　東京大学医学部附属病院内科研究棟階段部手摺〔筆者撮影〕

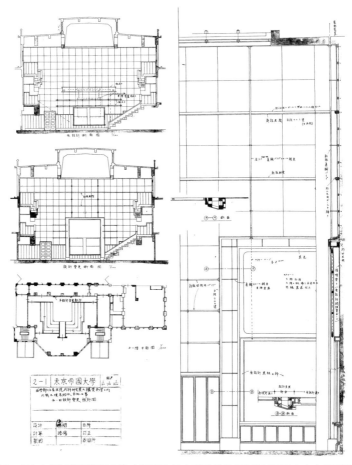

図面 9　東京大学医学部附属病院内科研究棟内科講堂黒板部分図面 [東京大学所蔵]

　図面 10 に示した図面上にも、手摺の存在と、手摺のコーナー部の処
理に関しては、抽象的な表記となっており、現場合わせが行われていた
ことは明らかであった。特に、写真 33 の部分は、昔の職人技のような
箇所であるため、より時間をかけて CG データ化する必要があり困難
を極めた。

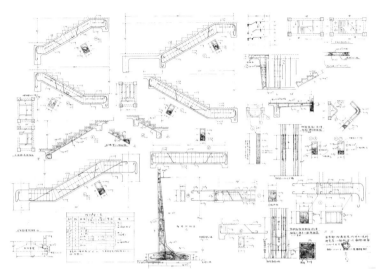

図面 10　東京大学医学部附属病院内科研究棟階段部分図面［東京大学所蔵］

　東京大学医学部附属病院内科研究棟内科講堂の現地調査を通して、実際に現場で CG 再現を行い、仕事ムラや現場合わせの情報と設計変更や改修工事による変更の情報、採光情報などの検討を行ってきた中で、図面や写真からは抜け落ちる情報である、寸法情報、形状情報、素材情報、材質情報、質感情報、色彩情報といったディテール情報を CG によって保存することは可能であった。

参考文献

p70
・東京大学『東京大学医学部附属病院図面』東京大学（1934）
・東京大学医学部附属病院『東大病院外来診療のご案内』東京大学医学部附属病院
・東京大学医学部附属病院『東大病院だより』東京大学医学部附属病院,2000 年〜 2019 年（No.30 〜 No.93）
・東京大学医学部『医学部卒業アルバム』東京大学医学部,1960 年〜 1990 年

p71
・内田祥三『内田祥三先生作品集』鹿島研究所出版会（1969）
・木下直之 , 大場秀章 , 岸田省吾『東京大学本郷キャンパス案内』東京大学出版会（2005）
・東京大学医学部・医学部附属病院創立 150 周年記念アルバム編集委員会『医学生とその時代』中央公論新社（2008）
・東京大学医学部附属病院「東大病院について（沿革）」（http://www.h.u-tokyo.ac.jp/about/history/index.html）（2017 年 1 月 1 日閲覧）
・東京大学医学部附属病院「東京大学医学部附属病院の概要」（http://www.h.u-tokyo.ac.jp/vcms_lf/th_outline_201707.pdf）（2017 年 1 月 1 日閲覧）

CHAPTER **6**

議論と考察

三菱一号館の事例と東京大学医学部附属病院内科研究棟の事例を通して明らかになったことは、以下に示す通りである。具体的には、図面や写真に残された情報は、不足している部分が多く、曖昧で中途半端であった。

6.1 判明したディテール情報

6.1.1 寸法情報に関する問題

　例えば、図面上に寸法情報が記載されている箇所と記載されていない箇所が混在しており、正確な値を得ることができなかった。図面 11 は三菱一号館の立面図であるが、寸法情報が記載されている箇所と記載されていない箇所があることがわかる。

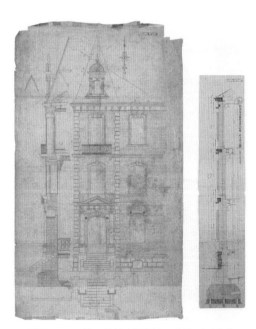

図面 11　三菱一号館立面図 [三菱地所所蔵]

図面 12 は、東京大学医学部附属病院内科研究棟の立面図であるが、詳細な寸法が記載されており、図面を確認することで細部の寸法情報も確認することができる。

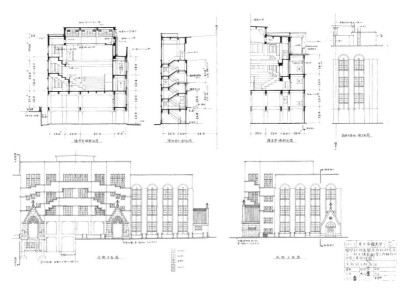

図面 12　東京大学医学部附属内科研究棟立面図 [東京大学所蔵]

　従って、歴史的建造物といっても、建造物ごとに図面に記載されている寸法情報のレベルが異なっており、図面だけ残しておけば良いといった考え方は危険であるということがわかる。また、外形寸法は記載されていることが多いが、詳細部分の寸法や窓の間隔などの寸法は記載されていないことが多かった。これは、施主が設計図を書き、施工業者などが設計図をもとに施工図を書くといったことが一般的だったことによる可能性がある。そこで、CG 技術を用いることで、CG データ上に寸法情報を入力することで、実際の寸法で視覚的に状態を確認できるため、図面上に描かれた図と寸法の不一致をいち早く発見することに役立った。

6.1.2 マテリアル情報に関する問題

　図面が、白黒の場合とカラーの場合で、メリット・デメリットはあるが、カラーだからといって材質情報や素材情報を断定することは危険である。つまり、図面が白黒の場合、材質情報や素材情報を勝手に推測することができないということは、むしろ誤解が生じないという意味ではメリットになる。補足的なディテール情報が存在することは良いが、三菱一号館の事例のように、煉瓦の外壁の一部に木製の煉瓦が埋め込まれているケースや、旧木浦領事館（写真 34）のように赤煉瓦に白の塗装を施し、疑似的に花崗岩に見せかけているといったケースもあるため、短絡的に図面から材質情報や素材情報を推測することは危険だということもまた事実である。

写真 34　旧木浦領事館

　次に、図面 13 や図面 14 に示した図面は三菱一号館の立面図であるが、いずれも彩色されており、素材情報や材質情報を想像することは可能となっていた。

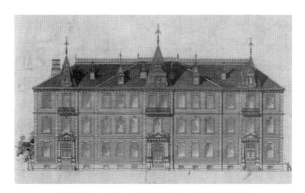

図面 13　三菱一号館図面 [三菱地所所蔵]

図面 14　三菱一号館窓部分図面 [三菱地所所蔵]

　例えば、赤く塗られている部分は煉瓦を示し、白で塗られている部分
は石を示し、黒く塗られている部分は、天然スレート石を示し、水色や
灰色で塗られている部分はガラスを示していると考えられる。
　一方で写真 35 は、三菱一号館の解体時の窓部分を写した写真である
が、一見すると普通の煉瓦に見受けられるが、注意深く確認すると黒い
煉瓦が埋め込まれている。実際に文献を紐解いていくと、木製の煉瓦で

あることがわかった。

写真 35　三菱一号館窓部分 [三菱地所所蔵]

　これは、湿度の多い日本において歪が生じないようにするための創意工夫であったとのことである。しかしながら、図面上にもその記載はなく、さらに、写真を見ても色味が違う程度しか判断できないため、文献がなければ知る由もなかった情報である。従って、図面とともに写真を保存しておけば良いとするこれまでの考え方も危険であることがわかる。

　また、図面 15 は東京大学医学部附属病院内科研究棟の立面図であるが、三菱一号館の図面と異なり白黒であるため、素材情報や材質情報を読み取ることができない。壁面は塗りつぶされているため、煉瓦かタイルなどで成形することを想定していることは推測できるが、それ以上の情報を読み取ることができない。

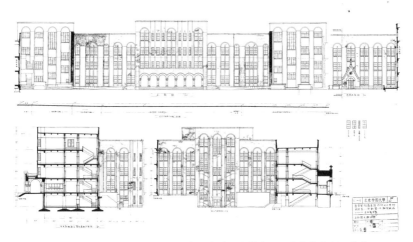

図面 15　東京大学医学部附属病院内科研究棟立面図［東京大学所蔵］

　写真 36 は、東京大学医学部附属病院内科研究棟の外壁を撮影した写
真であるが、外壁はスクラッチタイル貼りとなっていることがわかる。
また、同一色の土ではなく、ランダムに色が配置されるように工夫され
ていることもわかる。

写真 36　東京大学医学部附属病院内科研究棟外壁〔筆者撮影〕

写真 37 は、図面 15 の東京大学医学部附属病院渡り廊下の内壁の写真であるが、建造物の内側にも煉瓦やタイルが貼られていることがわかる。

写真 37　東京大学医学部附属病院渡り廊下内壁〔筆者撮影〕

　手摺部分は煉瓦で成形されており、壁面部分は外壁同様にスクラッチタイル貼りとなっていた。こうした素材情報や材質情報や質感情報や色彩情報は、図面からは読み取ることができないため、現物を確認することで情報を得ることができた。従って、図面のみ保存しておけば良いといった考え方も危険であり、さらに、遠距離から撮影された写真だけでは、煉瓦とスクラッチタイルの差異も判断できず、スクラッチタイルの表面の溝も見えないため、図面と写真を残したとしても不足する情報が多いことがわかる。例えば、CG 再現した場合には、画像 20 に示したように、CG データに対して煉瓦のテクスチャーを貼り付けることで、簡単に煉瓦を再現することができるため、非常に効率的かつ効果的である。

画像 20　三菱一号館煉瓦の質感色彩計画 CG 画像 [重藤祐紀氏制作]

6.1.3 形状情報の曖昧さに関する問題

　最後に、歴史的建造物を表現する際に重要となる装飾について示す。歴史的建造物を構成する部材の中で重要となる情報であるが、図面上は省略されていることが多く、また保存されていた写真にも写り込んでいる程度の情報しか残されていないのが装飾や装飾品である。三菱一号館の事例では、写真 38 に示した採光窓の装飾がある。この部材のディテール情報は、図面 16 に示した図面上では空欄になっており、写真 38 に示した写真上では不鮮明な状態であった。

写真 38　三菱一号館エントランス [三菱地所所蔵]

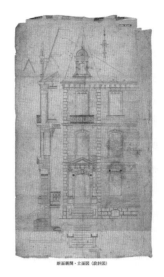

断面展開・立面図（設計図）

図面 16　三菱一号館立面図 [三菱地所所蔵]

　従って、図面と写真からは正確な情報を入手することができなかったのである。歴史的建造物を保存する際には、図面と写真を残しておけば良いとされてきたこれまでの考え方では不十分であったということが本事例をもってしても明らかである。

　同様に、東京大学医学部附属病院内科研究棟の事例では、華美な装飾

や装飾品は存在しないが、細かい部分に散りばめられた独特のディテール情報を持つ部材も、歴史的建造物を表現するには重要な情報となる。それは、写真39や写真40に取り上げた床部分や階段部分の成形方法である。図面17からは確認することができないため、現物が存在しなければ失われてしまう情報であった。

写真39　東京大学医学部附属病院内科研究棟内科講堂内科講堂床部分〔筆者撮影〕

写真40　東京大学医学部附属病院内科研究棟内科講堂階段部分〔筆者撮影〕

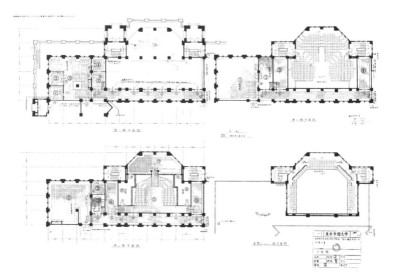

図面 17　東京大学医学部附属病院内科研究棟内科講堂階段部分図面 [東京大学所蔵]

　さらに、一見見過ごしてしまうが、図面上には表現されていなかった
装飾が、写真 41 と写真 42 に示した木製の装飾である。

写真 41　東京大学医学部附属病院内科研究棟壁面部分〔筆者撮影〕

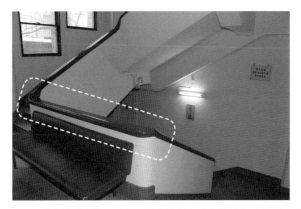
写真42　東京大学医学部附属病院内科研究棟階段部分〔筆者撮影〕

　写真41は、壁面柱部分に、ベージュに塗装された木材がはめ込まれ
ている。こうした情報も図面上には存在せず、また、卒業アルバム等で
も、階段や廊下部分で撮影したものは存在しなかったため、現物を確認
する以外には情報を得ることができなかった。しかしながら、こうした
ディテール情報も、歴史的建造物の様子や雰囲気を表現するには重要な
構成要素となる。また、写真42は、階段部分を示した写真であるが、
手摺りの装飾は、木材で成形されており、さらに、落ち着いた印象とす
るため、暗い茶色で塗装されていた。また、採光窓が小さな階段の手す
りは、赤茶色で塗装されていたのに対して、採光窓が大きい階段の手摺
りは焦げ茶色で塗装されており、詳細な意味は不明であったが、採光と
の関係があるような印象を受けた。
　また、形状情報が曖昧な部分が多く見受けられた部分は、壁と壁の
コーナー部分や、複数の部材が重なり合っている箇所、そして、細かな
装飾が施されている場所であった。これらの箇所は、実際の図面上への
記載とは異なっていたが、その理由は、現場では図面通りにいかなかっ
た場合などは、現場合わせが行われたためであると推測できる。さら
に、細かな装飾などは、図面上には大雑把にイメージ図が描かれている

だけで、詳細な寸法の記入などはなかった。その理由は、担当した彫刻家やデザイナーが個人の主観によってその寸法や配置等を決めたためだと考えられる。3Dスキャナー等の3次元形状入力装置を使うことによって、これらを高精度に記録保存することができ、さらに3次元CGによって、これらを正確に再現することが実現できる。

6.2 ディテール情報の見方

このように、6.1節では第3章と第4章で得られた結果を具体的に示したが、こうしたディテール情報の見方について示す。

まず、どの部分のディテール情報から収集すれば良いか判断がつかない場合に着目すべき点は建築様式である。特に我が国における明治時代の建築様式はクイーン・アン様式や辰野式などが用いられていたため、この点に留意することが重要である。

一方、東京大学医学部附属病院内科研究棟の内観のような部分は、外観程建築様式に紐付けられるような特色はないかわりに、建築家の個性が色濃く表現されることがあるため、着目すべき点は建築家がよく用いるデザインである。また、図面や写真では残すことが難しいディテール情報として着目すべき点は、レリーフやメダリオン、彫刻などの特徴的かつ象徴的な部分である。これらの複雑な形状を3次元スキャナー等によって記録することで、より正確な保存が可能となる。

こうした知識そのものがディテール情報を収集するための一つの指針となる。また、東京大学医学部附属病院内科研究棟内科講堂の事例にみられるように、黒板と被験者のベッドの配置と採光やライティングの関係性は、当該建造物の用途に依存した特異性の観点から見ることができる。こうしたことを踏まえると、建築様式に紐付けられたデザイン、建築家固有のデザイン、建造物固有の特徴がある部分を中心にディテール情報を収集すれば良いと考える。

CHAPTER **7**

結　論

本研究を通して、第2章で記したように、多くの歴史的建造物に関するヒアリング調査と現地調査を行ってきた。そして、その結果、多くの事例においてディテール情報の保存がうまく行われていなかったために、保存／修復、復元・復原、再現において、正しく再現できていなかった。第4章から第6章においては、そのディテール情報がどのようなものであるか、その一部を明らかにすることができた。第1部で述べてきたようにディテール情報を収集し、これを図面や写真とともに残すことによって、こうした欠落を防ぐことが可能となる。現存する歴史的建造物から寸法情報、形状情報、素材情報、材質情報、質感情報、色彩情報などのディテール情報を記録保存し、さらにCG技術によって視覚的再現をし、現物とCG画像を繰り返し比較することで、より多くの視覚的情報を正確に保存することができるようになる。

　三菱一号館のCG再現では、採光窓や屋根装飾など創造設計・想像設計となったのに対して、東京大学医学部附属病院内科研究棟のCG再現では、黒板部分や机と椅子の部分など、現物が存在したことによって、CG再現においても正確に再現することが可能であった。つまり、現物が存在する間に、図面と写真と現物を参照して現場でCG再現を行うことによって、多くのディテール情報を現物から抽出して残すことができるということが明らかになった。

　第2章で述べた旧帝国ホテルライト館の事例では、博物館明治村の関係者にヒアリング調査を行った結果、日比谷に存在した当時の現物の部材が全て揃っていたにもかかわらず、様々なディテール情報が不足していたことにより、多くの部分で新規材による新築復元になっていたとのことであった。旧帝国ホテルライト館も、解体時に、より正確なディテール情報が保存できたならば、より現物に対して正確な姿での再現ができたであろう。

　後藤は、歴史的建造物が解体されることを、都市の履歴書を書き換えることに他ならないと指摘しているが、この考えに当てはめると、解体

された歴史的建造物の現物再現において、正確なディテール情報を再現されていないということは、履歴書の書き換えを行っていることにほかならないと考える。従って、より正確なディテール情報を残し、正しい情報によって再現するということは、類似品や偽装品が数多く出回っている現代社会においては重要なことである。このようにして、ディテール情報が正確に保存されることによって、歴史的建造物の詳細が一層明確になり、当時流行していたデザインや、設計者の好み、独自のデザインなど、ディテール情報から様々なデザインを読み取ることができるようになる。さらに、歴史的建造物のディテール情報が正確に残されることで、過去の思い出や懐かしさがより正しく再現されることになり、思い出に誤認が入らないなどといった効果も期待できる。歴史的建造物のディテール情報を正しく残すことで保存情報の信頼度が高まり、歴史的建造物の解体による様々な情報の喪失といった不安要素を低減できる。その結果として、歴史的建造物により多くの人々が興味を持つようになるであろう。

　本研究の最大の成果は、図面や写真から欠落する情報は、寸法情報、形状情報、素材情報、材質情報、質感情報、色彩情報といったディテール情報であり、これまで類似設計や創造設計・想像設計に頼らざるを得なかった部分を事前に現場でCGデータ化しておくことで、現物再現を行う際に、正確な再現の実現に貢献しうることを実証的に示した点である。

　そのディテール情報を保存する上で最も重要なことは、歴史的建造物を解体することになった際に、解体前に、現場において、CGソフトウェア上でCGデータ化しておくことである。さらに、解体までの短期間の間に、無限大に情報を残しておくのではなく、本研究において示したディテール情報を中心に効率的かつ効果的に情報保存することが重要である。本研究で東京大学医学部附属病院内科研究棟における実証で行ったように、解体前に現地で図面や写真から欠落していく可能性の高

いディテール情報を現場で現物を確認しながら判断し、CG 再現しておくことで、今後 50 年・100 年後に、現物再現を行う際に、より正確な情報を基にした正確な再現につながり、さらに正しい状態での歴史的建造物の魅力や情報を後世に対して継承が行えるようになる。これが、本研究における最大の効果である。

参考文献

p108
・後藤治『都市の記憶を失う前に―建築保存待ったなし!』白揚社新書（2008）

参考文献

- 2020 年の東京オリンピックの会場の CG 映像
  (https://youtu.be/zsfEl8hSogU)（2017 年 1 月 1 日閲覧）
- CGWORLD, スマートイメージ『CG& 映像しくみ事典―映像クリエイターのためのグラ
  フィックバイブル完全カラー図解』CG-ARTS 協会, ワークスコーポレーション（2003）
- JAPAN NOW 観光情報協会『そこが知りたい観光・都市・環境』交通新聞社（2010）
- NHK「美の壺」制作班『NHK 美の壺明治の洋館』NHK 出版（2006）
- NPO 知的資源イニシアティブ『デジタル文化資源の活用 地域の記憶とアーカイブ』
  勉誠出版（2011）
- TOKYOFM 出版『東京遺産第 2 巻［DVD］』TOKYOFM 出版（2006）
- 明石信道, 村井修『フランク・ロイド・ライトの帝国ホテル』建築資料研究社（2004）
- 朝日新聞社出版局『論座 2008 年 02 月号』朝日新聞社出版局（2007）
- 朝日新聞出版『週刊 JR 全駅・全車両基地 創刊号 2012 年 8/5 号』朝日新聞出版（2012）
- 飯島洋一『建築と破壊―思想としての現代』青土社（2005）
- イカロス出版『絵解き東京駅ものがたり』イカロス出版（2012）
- 石黒敬章『明治の東京写真 丸の内・神田・日本橋』角川学芸出版（2011）
- 伊藤潔『台湾―四百年の歴史と展望』中央公論社（1993）
- 伊藤隆之『もう二度と見ることができない幻の名作レトロ建築』地球丸（2016）
- 伊藤隆之『日本が世界に誇る名作モダン建築 細部にまで宿る建築家の意匠』
  エムディエヌコーポレーション（2015）
- 犬丸一郎『「帝国ホテル」から見た現代史』東京新聞出版局（2002）
- 犬丸一郎『帝国ホテルの流儀』集英社（2012）
- 犬丸徹郎『帝国ホテルの考え方 本物のサービスとは何か』講談社（2016）
- 井上雄治『三次元 CG による藤原京の再現について』日本教育情報学会第 24 回年会
  （2008）：222-223
- インク・インコーポレーション『洋館さんぽ EAST 目的でさがすガイドブック』
  グラフィック社（2010）
- インク・インコーポレーション『洋館さんぽ WEST 目的でさがすガイドブック』
  グラフィック社（2010）
- 宇井洋, ダイヤモンド社『帝国ホテル感動のサービス―クレームをつけるお客さまを大切
  にする』ダイヤモンド社（2000）
- 内田祥士, 隈研吾, 後藤泰男, 酒井一光, 谷川正己, 佐野由佳『水と風と光のタイル
  ―F.L. ライトがつくった土のデザイン』INAXo（2007）
- 内田青蔵, 伊藤隆之『死ぬまでに見たい洋館の最高傑作 II』エクスナレッジ（2014）
- 宇野重吉, 乙羽信子, 新藤兼人『第五福竜丸』角川書店（2001）
- 梅津章子, 簑田ひろ子, 松本真理, 米山勇, 三船康道, 後藤治『東京の近代建築』地人書館
  （2000）
- 江戸東京博物館, 行吉正一, 米山淳一『東京オリンピックと新幹線』青幻舎（2014）
- 遠藤陶『帝国ホテルライト館の幻影―孤高の建築家遠藤新の生涯』廣済堂出版（1997）

- 円満字洋介『京都・大阪・神戸【名建築】ガイドマップ』エクスナレッジ（2011）
- 王惠君, 二村悟, 後藤治『図説 台湾都市物語』河出書房新社（2010）
- 大河直躬, 梅津章子, 岡﨑篤行, 金出ミチル, 苅谷勇雅, 後藤治, 日塔和『歴史的遺産の保存・活用とまちづくり』学芸出版社（2015）
- 大河直躬『歴史的遺産の保存・活用とまちづくり』学芸出版社（1997）
- 大森正夫『銀閣における観月のシークエンシャル・シミュレーション：アプローチ空間の計画手法に関する研究』日本デザイン学会デザイン学研究研究発表大会概要集, 50（2003）
- 大濱徹也『アーカイブズへの眼—記録の管理と保存の哲学』刀水書房（2008）
- 岡嶋和幸『カメラの教科書 基本からはじめる人のための写真の手引き』エムディエヌコーポレーション（2012）
- 岡嶋和幸『写真の教科書 はじめての人上達したい人のための写真の手引き』エムディエヌコーポレーション（2010）
- 岡嶋和幸『写真構図の教科書 光で思いどおりに描くための写真の手引き』エムディエヌコーポレーション（2013）
- 岡嶋和幸『写真撮影の教科書 思いどおりに撮るための写真の手引き』エムディエヌコーポレーション（2011）
- 岡本哲志『古地図で歩く天皇家と宮家のお屋敷歴史と地形で愉しむ明治』平凡社（2011）
- 奥井禮喜『帝国ホテルに働くということ：帝国ホテル労働組合七〇年史』ミネルヴァ書房（2016）
- 奥村忠彦, 栗田守朗, 椚隆, 清水建設株式会社技術研究所『建設技術の歩み—明治から今日までの人と建設のかかわり—』オーム社（2005）
- 尾坂昇治『建築 CG 大全』日経 BP 社（1998）
- 尾関憲一『時代をつかむ！ブラブラ仕事術』フォレスト出版（2013）
- 小野吉彦『日本の建築—現代日本を築いたランドマークたち』昭文社（2008）
- 小野田滋『東京鉄道遺産』講談社（2013）
- 影山明俊, コスミックエンジン『CG リテラシー Photoshop & Illustrator CS4』実教出版（2010）
- 笠羽晴夫『デジタルアーカイブ 基点・手法・課題』水曜社（2010）
- 笠羽晴夫『デジタルアーカイブの構築と運用—ミュージアムから地域振興へ—』水曜社（2004）
- 鹿島建設「東京駅丸の内駅舎 CG による検証 東京駅丸の内駅舎を復原する」（http://www.kajima.co.jp/tech/tokyo_station/data/index-j.html）（2017 年 1 月 1 日閲覧）
- 鹿島建設「東京駅丸の内駅舎 CG 再現」（http://www.kajima.co.jp/tech/tokyo_station/index-j.html）（2017 年 1 月 1 日閲覧）
- 加瀬英明『日本と台湾』祥伝社（2013）
- 片倉佳史『古写真が語る台湾日本統治時代の 50 年』祥伝社（2015）
- 片倉佳史『台湾に生きている「日本」』祥伝社（2009）
- 株式会社ツイン『偉大なるオブセッション：フランク・ロイド・ライト／建築と日本［DVD］』株式会社ツイン

- 苅谷勇雅，国立博物館，文化財研究所『古都の近代と景観保存』至文堂（2005）
- 川田稔『浜口雄幸―たとえ身命を失うとも』ミネルヴァ書房（2007）
- 川名幸夫，帝国ホテル事業統括部『帝国ホテル伝統のおもてなし』日本能率協会マネジメントセンター（2006）
- 北河大次郎，後藤治，小野吉彦『図説日本の近代化遺産』河出書房新社（2007）
- 喜田信代『日本れんが紀行―煉瓦組みの面白さに魅せられて―』日貿出版社（2000）
- 紀伊國屋書店『日本の近代化遺産帝都誕生～東京の近代化遺産～［DVD］』紀伊國屋書店（2005）
- 近代遺産選出委員会『日本の近代遺産』日本経済新聞出版社（2009）
- 記録管理学会，日本アーカイブズ学会『入門・アーカイブズの世界―記憶と記録を未来に―』日外アソシエーツ（2006）
- 久保田賢一，岩崎千晶，中橋雄『映像メディアのつくり方―情報発信者のための制作ワークブック―』北大路書房（2008）
- 隈研吾，清野由美『新・都市論 TOKYO』集英社（2008）
- 倉方俊輔，斉藤理『東京建築ガイドマップ明治大正昭和』エクスナレッジ（2007）
- クレイトン・M・クリステンセン，ロバート・A・バーゲルマン『技術とイノベーションの戦略的マネジメント（上）』翔泳社（2007）
- クレイトン・M・クリステンセン，ロバート・A・バーゲルマン『技術とイノベーションの戦略的マネジメント（下）』翔泳社（2007）
- 黒田涼『大軍都・東京を歩く』朝日新聞出版（2014）
- 建築画報社，藤森照信，原徳三，鈴木博之『ジョサイア・コンドル』建築画報社（2009）
- 建築画報社『ジョサイア・コンドル』建築画報社（2009）
- 交通博物館『図説 駅の歴史―東京のターミナル―』河出書房新社（2006）
- 交通新聞社『東京駅丸の内・八重洲さんぽ―キラキラもシブシブもある街と駅の魅力』交通新聞社（2014）
- 国際アーカイブズ評議会，建築記録部会，安澤秀一，安沢秀一『建築記録アーカイブズ管理入門』書肆ノワール／美学出版（2006）
- 国立科学博物館「日本館 Google ストリートビュー」(https://www.kahaku.go.jp/news/2014/06gmap/)（2017 年 1 月 1 日閲覧）
- 越沢明『東京都市計画物語』筑摩書房（2001）
- 小林一三『逸翁自叙伝阪急創業者・小林一三の回想』講談社（2016）
- 小林英夫『満洲の歴史』講談社（2008）
- 小林慶二，福井理文『観光コースでない満州―瀋陽・ハルビン・大連・旅順』高文研（2005）
- 小山敬子『なぜ「回想療法」が認知症に効くのか』祥伝社（2011）
- 小池幸子『帝国ホテル流 おもてなしの心客室係 50 年』朝日新聞出版（2013）
- 後藤治，オフィスビル総合研究所『都市の記憶を失う前に―建築保存待ったなし！』白揚社（2008）
- 斎藤進『鉄道考古学事始・新橋停車場』新泉社（2014）

- 坂野徳隆『日本統治下の台湾』平凡社（2012）
- 佐々木直樹『東京駅 100 周年東京駅 100 見聞録』日本写真企画（2014）
- 佐々木直樹『東京駅 100 周年東京駅 100 見聞録』日本写真企画（2014）
- 佐々木直樹『東京駅―赤レンガの丸の内駅舎』日本写真企画（2008）
- 佐々木直樹『東京駅―赤レンガの丸の内駅舎佐々木直樹写真集』日本写真企画（2008）
- 佐高信『平民宰相 原敬伝説』角川学芸出版（2014）
- 佐藤喜子光, 椎川忍『地域旅で地域力創造』学芸出版社（2011）
- 産経新聞社別冊正論編集部『「樺太―カラフト」を知るニッポン領土問題の原点侵奪―回復―放棄―不法占拠―そして？』日本工業新聞社（2015）
- 佐野彰『AR 入門―身近になった拡張現実』工学社（2010）
- 椎野潤『内村鑑三の言葉 現代社会を突き抜ける金言』メディアポート（2012）
- ジェイティビィパブリッシング『徹底解剖！東京駅 100 年過去現在そして未来へ』ジェイティビィパブリッシング（2014）
- 司馬遼太郎『「明治」という国家〔上〕』NHK 出版（1994）
- 司馬遼太郎『「明治」という国家〔下〕』NHK 出版（1994）
- 島善高『早稲田大学小史』早稲田大学出版部（2008）
- 志村直愛, 建築から学ぶ会『東京建築散歩 24 コース』山川出版社（2004）
- ジャンボードリヤール, ジャンヌーヴェル, 塚原史『les objets singuliers ―建築と哲学―』鹿島出版会（2005）
- 城山三郎『男子の本懐』新潮社（1983）
- 新建築社『新建 2010 年 2 月臨時増刊三菱一号館 Double Context 1894-2009 誕生と復元の記録』新建築社（2010）
- 陣内秀信『東京の空間人類学』筑摩書房（1992）
- 晋遊舎『江戸・東京時間旅行』晋遊舎（2012）
- 杉江宗七, 山口廣, 谷川正己『建築のテラコッタ―装飾の復権―』INAXo（1983）
- 鈴木博之, 小沢英明, オフィスビル総合研究所, 増田彰久『都市の記憶―美しいまちへ』白揚社（2002）
- 鈴木博之, 相原功, 建築・都市ワークショップ, 石黒知子『ディテールがつくる風景―タイル・れんが・テラコッタ紀行―』INAXo（1997）
- 鈴木道彦『プルーストを読む―「失われた時を求めて」の世界―』集英社（2002）
- 鈴木博之『シリーズ日本の近代都市へ』中央公論新社（2012）
- 鈴木博之『近代建築論講義』東京大学出版会（2009）
- 鈴木博之『現代の建築保存論』王国社（2001）
- 鈴木博之『東京の地霊』筑摩書房（2009）
- 関根寛『啓徳懐想 香港国際空港物語』TOKIMEKI パブリッシング（2008）
- 大正大学仏教学部『文化財保存学入門―感じとる智慧つながる記憶―』丸善プラネット（2012）
- ダイヤモンド社『週刊ダイヤモンド 2016 年 1/30 号（三菱最強伝説）』ダイヤモンド社（2016）

- 第五福竜丸平和協会『写真でたどる第五福竜丸―ビキニ水爆実験被災 50 周年記念・図録』第五福竜丸平和協会（2004）
- 高島秀之『デジタルアーカイブ―記憶と記録を紡ぐ―』創成社（2013）
- 宝島社『宝島社日本人が残した素晴らしき台湾～統治時代の貴重な写真を発掘！』宝島社（2015）
- 宝島社『東京駅』宝島社（2012）
- 宝島社『日本人が残した素晴らしき満州～統治時代の貴重な写真を発掘』宝島社（2015）
- 高橋一夫, 柏木千春, 田辺文彦, 野口洋平, 藤田健, 松笠裕之, 大和里美, 株式会社 VM『観光のマーケティング・マネジメント』ジェイティービー能力開発（2011）
- 高世仁, 吉田和史, 熊谷航『神社は警告する―古代から伝わる津波のメッセージ』講談社（2012）
- 武内孝夫『帝国ホテル物語』現代書館（1997）
- 武内孝夫『帝国ホテル物語』現代書館（1997）
- 舘暲, 佐藤誠, 廣瀬通孝, 日本バーチャルリアリティ学会『バーチャルリアリティ学』コロナ社（2010）
- 谷川正己, 宮本和義『フランク・ロイド・ライト 旧山邑邸 ヨドコウ迎賓館』バナナブックス（2008）
- 民岡順朗『東京レスタウロ歴史を活かす建築再生』ソフトバンククリエイティブ（2012）
- 田村圭介『東京駅「100 年のナゾ」を歩く ― 図で愉しむ「迷宮」の魅力』中央公論新社（2014）
- チョ鄭銀淑『韓国の「昭和」を歩く』祥伝社（2005）
- 陳柔縉, 天野健太郎『日本統治時代の台湾』PHP 研究所（2014）
- 辻聡『東京駅の履歴書―赤煉瓦に刻まれた一世紀』交通新聞社（2012）
- 東京新聞出版局『上野奏楽堂物語』東京新聞出版局（1987）
- 時実象一『デジタル・アーカイブの最前線』講談社（2015）
- 都市出版『東京人 2005 年 04 月号』都市出版（2005）
- 都市出版『東京人 2007 年 10 月号』都市出版（2007）
- 都市出版『東京人 2016 年 01 月号』都市出版（2015）
- 都市出版『東京人 no.118 1997 年 7 月号特集：コンドルさんの謎ニコライ堂鹿鳴館の建築家』都市出版（1997）
- 凸版印刷「故宮デジタルアーカイブ」(http://www.toppan.co.jp/news/2015/11/newsrelease151104_2.html)（2017 年 1 月 1 日閲覧）
- 凸版印刷「凸版 VR シアター」(http://www.printing-museum.org/floorplan/vr/)（2017 年 1 月 1 日閲覧）
- 豊田穣『明治・大正の宰相〈7〉原敬の暗殺と大衆運動勃興』講談社（1984）
- 鳥越一朗, 岩崎宏, 鈴木正貴, 橋本豪『レトロとロマンを訪ねる京都明治・大正地図本』ユニプラン（2013）
- 中井精也, ニコンカレッジ『世界一わかりやすいデジタル一眼レフカメラと写真の教科書 伝わる写真の撮り方編』インプレスジャパン（2013）

- 中井精也，ニコンカレッジ『世界一わかりやすいデジタル一眼レフカメラと写真の教科書 何をどう撮る？ 活用編』インプレス（2011）
- 永松栄『図説都市と建築の近代―プレ・モダニズムの都市改造―』学芸出版社（2008）
- 中谷礼仁『セヴェラルネス＋（プラス）―事物連鎖と都市・建築・人間―』鹿島出版会（2011）
- 永田豊志，CGWORLD『CG＆映像しくみ事典―完全カラー図解 映像クリエイターのためのグラフィックバイブル』ワークスコーポレーション（2009）
- 中島義明『映像の心理学―マルチメディアの基礎―』サイエンス社（1996）
- 永野宣宣『物語 ジョサイア・コンドル―丸の内赤レンガ街をつくった男』中央公論新社（2006）
- 中野明『岩崎弥太郎「三菱」の企業論 ニッポン株式会社の原点』朝日新聞出版（2010）
- 奈良県まちづくり推進局「なら平城京歴史ぶらり」（http://heijo-kyo.com/burari/）（2017年1月1日閲覧）
- 西澤泰彦『植民地建築紀行：満洲・朝鮮・台湾を歩く』吉川弘文館（2011）
- 西澤泰彦『図説「満洲」都市物語』河出書房新社（2006）
- 西澤泰彦『日本の植民地建築―帝国に築かれたネットワーク』河出書房新社（2009）
- 日本風景写真協会『遺したい日本の風景』光村推古書院（2013）
- ネコ・パブリッシング『絵はがき、写真、切符で振り返る東京駅の100年東京駅開業100周年記念！ 1914～2014』ネコ・パブリッシング（2014）
- 野崎哲夫『進化する東京駅―街づくりからエキナカ開発まで』成山堂書店（2012）
- 野村和宣『生まれ変わる歴史的建造物―都市再生の中で価値ある建造物を継承する手法―』日刊工業新聞社（2014）
- 野村俊一，是澤紀子『建築遺産保存と再生の思考―災害・空間・歴史―』東北大学出版会（2012）
- 萩原俊哉『世界一わかりやすいデジタル一眼レフカメラと写真の教科書 四季の風景編』インプレス（2015）
- 長谷川章，三宅俊彦，山口雅人『東京駅歴史探見 JTB キャンブックス』JTB（2003）
- 畠山けんじ『鹿鳴館を創った男―お雇い建築家ジョサイア・コンドルの生涯』河出書房新社（1998）
- 波多野勝『昭和天皇とラストエンペラー―溥儀と満州国の真実』草思社（2007）
- 波多野勝『浜口雄幸―政党政治の試験時代』中央公論社（1993）
- 八村広三郎，田中弘美『デジタル・アーカイブの新展開』ナカニシヤ出版（2012）
- 浜口雄幸『随感録（講談社学術文庫）』講談社（2011）
- 濱美由紀『たんけん絵本東京駅 JR 電車・新幹線・パノラマつき！』小学館（2015）
- 林章『東京駅はこうして誕生した』ウェッジ（2007）
- 原島広至『彩色絵はがき・古地図から眺める横浜今昔散歩』中経出版（2009）
- 原島広至『彩色絵はがき・古地図から眺める東京今昔散歩』中経出版（2008）
- 引地博之，青木俊明，大渕憲一『地域に対する愛着の形成機構―物理的環境と社会的環境の影響―』土木学会論文集 D,65.2（2009）：101-110

- ビキニ水爆被災事件静岡県調査研究会『ビキニ水爆被災事件の真相―第五福竜丸ものがたり』かもがわ出版（2014）
- 福田敏一『新橋駅の考古学』雄山閣（2004）
- 福田敏一『新橋駅発掘―考古学からみた近代』雄山閣（2004）
- 福田敏一『新橋駅発掘―考古学からみた近代―』雄山閣（2004）
- 藤森照信『近代日本の洋風建築 栄華篇』筑摩書房（2017）
- 藤森照信『近代日本の洋風建築 開化篇』筑摩書房（2017）
- 藤森照信『建築とは何か―藤森照信の言葉―』エクスナレッジ（2011）
- 藤森照信『建築とは何か―藤森照信の言葉―』エクスナレッジ（2011）
- 藤森照信『建築探偵の冒険〈東京篇〉』筑摩書房（1989）
- 藤森照信『人類と建築の歴史』筑摩書房（2005）
- 藤森照信『日本の近代建築〈上 幕末・明治篇〉』岩波書店（1993）
- 藤森照信『日本の近代建築〈下 大正・昭和篇〉』岩波書店（1993）
- 藤森照信『明治の東京計画』岩波書店（2004）
- フランク・ロイド・ライト, 二川幸夫, 細谷巖『GA No.53〈フランク・ロイド・ライト〉帝国ホテル 1915-22』A.D.A.EDITA Tokyo（1980）
- 古川勝三『日本人に知ってほしい「台湾の歴史」』創風社出版（2013）
- 文化庁文化財部建造物課, 建築保全センター『公共建築物の保存・活用ガイドライン』国土交通省大臣官房官庁営繕部建築課建築保全センター（2002）
- 平城宮跡資料館「朱雀門・大極殿 CG 復元」（https://www.nabunken.go.jp/heijo/museum/index.html）（2017 年 1 月 1 日閲覧）
- 平凡社『明治かがやく―開国一五〇年―』平凡社（2005）
- 別冊宝島編集部『完全保存版！ 東京駅』宝島社（2013）
- 穂積和夫『絵で見る 明治の東京』草思社（2010）
- 細矢仁『最高の建築写真の撮り方・仕上げ方』エクスナレッジ（2010）
- マガジンハウス『Hanako2012 年 11/22 号』マガジンハウス（2012）
- 町田聡『3D 技術が一番わかる』技術評論社（2013）
- 松岡資明『アーカイブズが社会を変える―公文書管理法と情報革命―』平凡社（2011）
- 松橋達矢『モダン東京の歴史社会学「丸の内」をめぐる想像力と社会空間の変容』ミネルヴァ書房（2012）
- 万城目学, 門井慶喜『ぼくらの近代建築デラックス！』文藝春秋（2012）
- 増田彰久, 藤森照信『失われた近代建築 II 文化施設編』講談社（2010）
- 増田彰久, 藤森照信『失われた近代建築 I 都市施設編』講談社（2009）
- 増田彰久『写真な建築』白揚社（2008）
- 水島吉隆, 太平洋戦争研究会『図説 満州帝国の戦跡』河出書房新社（2008）
- 三菱地所『丸の内百年のあゆみ三菱地所社史上巻』三菱地所株式会社社史編纂室編（1993）
- 三菱地所『丸の内百年のあゆみ三菱地所社史資料』三菱地所株式会社社史編纂室編（1993）

- 三菱地所『丸の内百年のあゆみ三菱地所社史下巻』三菱地所株式会社社史編纂室編（1993）
- 三菱地所『三菱一号館美術館—丸の内に生まれた美術館』武田ランダムハウスジャパン（2012）
- 三菱地所株式会社『THE 丸の内 100 年の歴史とガイド』三菱地所株式会社（2001）
- 三菱地所株式会社『丸の内今と昔』三菱地所（1952）
- 三菱地所株式会社『三菱一号館美術館—丸の内に生まれた美術館』武田ランダムハウスジャパン（2012）
- 三宅正弘『甲子園ホテル物語—西の帝国ホテルとフランク・ロイド・ライト』東方出版（2009）
- 村松友視『帝国ホテルの不思議』文藝春秋（2013）
- モバイル社会研究所『モバイル社会の未来— 2035 年へのロードマップ—』エヌティティ出版（2013）
- 安田女子大学 CG チーム「広島県産業奨励館 CG 再現」
- 安田泰幸『れんが・街ものがたり』駿台曜曜社（1999）
- 矢作直樹『動じないで生きる 求めず、期待せず、依存せず、気にせず』バジリコ（2011）
- 矢作直樹，坂本政道『死ぬことが怖くなくなる たったひとつの方法』徳間書店（2012）
- 矢作直樹，中健次郎『人は死なない。では、どうする？』マキノ出版（2012）
- 矢作直樹『「あの世」と「この世」をつなぐ お別れの作法』ダイヤモンド社（2013）
- 矢作直樹『魂と肉体のゆくえ 与えられた命を生きる』きずな出版（2013）
- 矢作直樹『天皇』扶桑社（2013）
- 矢作直樹『人は死なない—ある臨床医による摂理と霊性をめぐる思索—』きずな出版（2013）
- 矢作直樹，一条真也『命には続きがある 肉体の死、そして永遠に生きる魂のこと』PHP 研究所（2013）
- 矢作直樹，中條高徳『天皇と日本人—アメリカ 70 年の呪縛を祓う』毎日ワンズ（2013）
- 矢作直樹，村上和雄『神（サムシング・グレート）と見えない世界』祥伝社（2013）
- 矢作直樹『「いのち」が喜ぶ生き方』青春出版社（2014）
- 矢作直樹『おかげさまで生きる』幻冬舎（2014）
- 矢作直樹『ご縁とお役目〜臨床医が考える魂と肉体の磨き方〜』ワニブックス（2014）
- 矢作直樹『人は生きる』バジリコ（2014）
- 矢作直樹『悩まない—あるがままで今を生きる』ダイヤモンド社（2014）
- 矢作直樹『日本人のお役目』ワニブックス（2014）
- 矢作直樹，秋山眞人『未来のための日本の処方箋』JMA アソシエイツココリラ出版事業部（2014）
- 矢作直樹，佐藤眞志『いのちは終わらない』日本文芸社（2014）
- 矢作直樹，白井剛史『気をつかわずに、愛をつかう—矢作＆プリミ「宇宙愛」』アーバンプロ出版センター（2014）
- 矢作直樹，田口ランディ『「あの世」の準備、できていますか？』マガジンハウス（2014）

- 矢作直樹, 保江邦夫『ありのままで生きる』マキノ出版（2014）
- 矢作直樹『生き惑う人へ』河出書房新社（2015）
- 矢作直樹『世界一美しい日本のことば』イースト・プレス（2015）
- 矢作直樹『見守られて生きる』幻冬舎（2015）
- 矢作直樹, 春木伸哉『地球隠れ宮《幣立神宮》セッション【祈り祀(まつ)る】この国の形 世界に《ここだけ》のものを伝え残していくために』ヒカルランド（2015）
- 矢作直樹『変わる―心を整え、人生を楽にする 73 のコツ』ダイヤモンド社（2016）
- 矢作直樹『健やかに安らかに 小さな喜びを見つけ、一日一日を大事に積み重ねてゆく』 山と渓谷社（2016）
- 矢作直樹『人生は、約束』光文社（2016）
- 矢作直樹『ひとりを怖れない』小学館（2016）
- 矢作直樹, 稲葉耶季『こっちの世界、あっちの世界』マキノ出版（2016）
- 矢作直樹『今を楽しむ―ひとりを自由に生きる 59 の秘訣』ダイヤモンド社（2017）
- 矢作直樹『自分を休ませる練習 しなやかに生きるためのマインドフルネス』文響社 （2017）
- 矢作直樹『天皇の祈りが世界を動かす～「平成玉音放送」の真実～』扶桑社（2017）
- 矢作直樹『天皇の国 譲位に想う』青林堂（2017）
- 矢作直樹『身軽に生きる』海竜社（2017）
- 矢作直樹『日本史の深層』扶桑社（2018）
- 矢作直樹, 長堀優, 濁川孝志『日本の約束 世界調和への羅針盤』星雲社（2018）
- 矢作直樹『一瞬に一生の幸せがある』廣済堂出版（2019）
- 矢作直樹『人生は、約束』光文社（2019）
- 矢作直樹『長生きにこだわらない 最後の日まで幸福に生きたいあなたへ』文響社（2019）
- 山口由美『帝国ホテル・ライト館の謎―天才建築家と日本人たち』集英社（2000）
- やまだトシヒデ『韓国に遺る日本の建物を訪ねて』書肆侃侃房（2015）
- 洋泉社『写真と地図で読む！知られざる軍都東京』洋泉社（2006）
- 横溝邦彦, 加藤礼次朗『コミック帝国ホテル 120 年の最高』ホーム社（2011）
- 横浜赤レンガ『つながる・みらいへ―横浜赤レンガ創建 100 周年に―』神奈川新聞社 （2011）
- ルーブル美術館「バーチャルミュージアム」
- 歴史建物研究会『日本の最も美しい赤レンガの名建築』エクスナレッジ（2018）
- 早稲田大学建築学専攻建築学科『早稲田大学建築学研究所早稲田建築学報〈2007〉』 早稲田大学建築学専攻建築学科（2006）
- 早稲田大学校友会, 早稲田大学大学史資料センター『早稲田大学校友会 125 年小史』 早稲田大学出版部（2010）
- 話題の達人倶楽部『駅員も知らない!? 東京駅の謎』青春出版社（2012）
- 渡邉英徳『データを紡いで社会につなぐデジタルアーカイブのつくり方』講談社（2013）

調査対象

建造物名	竣工年	設計者	所在地・保存状態	所有者・管理者
三菱一号館 （三菱一号館美術館）	1894	ジョサイア・ コンドル	東京都千代田区丸の内 再現	三菱地所株式会社
東京大学 医学部附属病院	1929	内田祥三	東京都文京区本郷 保存・解体	東京大学
早稲田大学恩賜館	1911	中條精一郎	東京都新宿区西早稲田 解体	旧所有者 （早稲田大学）
日本工業倶楽部 会館ビル	1920	横河民輔 松井貴太郎	東京都千代田区丸の内 ファサード保存	日本工業倶楽部
丸の内ビルヂング （丸ビル）	1923	桜井小太郎	東京都千代田区丸の内 ファサード保存	三菱地所株式会社
丸の内八重洲ビルヂング （丸の内パークビル）	1928	藤村朗	東京都千代田区丸の内 ファサード保存	三菱地所株式会社
東京駅丸の内駅舎	1914	辰野金吾	東京都千代田区丸の内 復原＋部分再現	JR東日本
旧帝国ホテルライト館	1923	フランク・ロイド・ ライト	愛知県犬山市 復原＋部分再現	博物館明治村
東京銀行協会ビル	1916	横河民輔	東京都千代田区丸の内 ファサード保存	全国銀行協会
日本郵船ビル	1923	曽禰達蔵 中條精一郎	東京都千代田区丸の内 解体	旧所有者 （日本郵船）
法務省旧本館	1895	ヘルマン・エンデ ヴィルヘルム・ ベックマン	東京都千代田区霞が関 復原＋部分再現	法務省
明治安田生命館	1934	岡田信一郎 捷五郎 内藤多仲	東京都千代田区丸の内 完全保存	明治安田生命
第一生命館	1938	渡辺仁 松本与作	東京都千代田区丸の内 ファサード保存	第一生命
三菱銀行本店	1922	桜井小太郎	東京都千代田区丸の内 解体	旧所有者 （三菱地所株式会社）
旧東京中央郵便局	1931	吉田鉄郎	東京都千代田区丸の内 ファサード保存	日本郵政
東京宝塚劇場 （東宝劇場）	1934	石川純一郎	東京都千代田区日比谷 解体	宝塚歌劇団
旧岩崎邸	1896	ジョサイア・ コンドル	東京都文京区本郷 完全保存	東京都公園協会
旧古河邸	1917	ジョサイア・ コンドル	東京都北区 完全保存	東京都公園協会
三井本館 （三井銀行本店）	1929	トローブリッジ・アン ド・リヴィングス トン社 ワイスコッフ・アン ド・ピックワース社	東京都千代田区日本橋 完全保存	三井不動産
旧李王家東京邸	1930	北村耕造 権藤要吉	東京都港区赤坂 完全保存	西武鉄道

建造物名	竣工年	設計者	所在地・保存状態	所有者・管理者
旧近衛師団司令部	1910	田村鎮・ 陸軍技師	東京都千代田区北の丸公園 完全保存	東京国立近代美術館
新橋停車場	1872	リチャード・ ブリジェンス	東京都港区新橋 再現	東日本鉄道文化財団
中京郵便局	1902	逓信省	京都府京都市 ファサード保存	日本郵政
日本銀行京都支店	1906	辰野金吾 長野宇平治	京都府京都市 完全保存	京都府
旧神戸居留地十五番館	1880	Ｊ．Ｗ．ハート	兵庫県神戸市 完全保存	株式会社ノザワ
旧山邑邸	1924	フランク・ロイド・ライト	兵庫県神戸市 完全保存	淀川製作所
旧甲子園ホテル	1930	遠藤新	兵庫県神戸市 完全保存	武庫川女子大学
日本郵船小樽支店	1906	佐立七次郎	北海道小樽市 完全保存	日本郵船
日本銀行小樽支店	1912	辰野金吾 長野宇平治 岡田信一郎	北海道小樽市 完全保存	日本銀行
北海道庁	1888	平井晴二郎	北海道札幌市 完全保存	北海道庁
台湾総督府	1919	長野宇平治	台北市 復原＋部分再現	台湾政府
児玉総督・後藤 民政長官記念館	1915	野村一郎	台北市 完全保存	台北市
日本勧業銀行台北支店	1933	日本勧業銀行建築課	台北市 完全保存	台北市
国立台湾大学医学部附属病院 （旧台湾帝国大学医学部附属病院旧本館）	1924	近藤十郎	台北市 完全保存	台湾大学
朝鮮総督府	1926	ゲオルグ・デ・ラランデ 野村一郎 國枝博	ソウル市 解体	韓国政府
ソウル駅	1925	塚本靖	ソウル市 完全保存	韓国政府
木浦日本領事館	1900	大日本帝国政府	韓国木浦市 完全保存	木浦市
大連ヤマトホテル	1914	太田毅	中国大連市 完全保存	大連賓館
旧南満洲鉄道 本社本館	1908	太田毅	中国大連市 完全保存	大連鉄道有限公司

建造物名	竣工年	設計者	所在地・保存状態	所有者・管理者
旧ダーリニー市庁舎	1900	帝政ロシア 政府	中国大連市 完全保存	大連市
旧関東軍司令部	1904	帝政ロシア 政府	中国大連市旅順 完全保存	大連市
旧満州国皇宮	1932	営繕需品局 営繕処 宮廷造営課	中国長春市 完全保存	中国政府
新京ヤマトホテル	1909	市田菊治朗	中国長春市 復原＋部分再現	春誼賓館
南満州鉄道新京支社	1936	太田宗太郎	中国長春市 完全保存	長春鉄路分局
関東軍司令部（新京）	1934	関東軍 経理部 大林組	中国長春市 完全保存	中国政府
関東局	1935	臼井健三	中国長春市 完全保存	中国政府
満州中央銀行	1938	西村好時	中国長春市 完全保存	中国人民銀行
満州電話電信株式会社	1935	不明	中国長春市 完全保存	長春市電信局
関東軍司令官官邸	1934	関東軍 経理部	中国長春市 完全保存	松苑賓館
神武殿	1940	宮地二郎	中国長春市 完全保存	吉林大学
満州国首都警察庁	1933	相賀兼介・ 満洲国 国都建設局	中国長春市 完全保存	長春市公安局
満州国国務院	1936	石井達郎・ 満洲国営繕需品局営 繕処設計課	中国長春市 復原＋部分再現	吉林大学
満州国軍事部	1935	満洲国営繕需品局 営繕処設計課	中国長春市 復原＋部分再現	吉林大学
満州国司法部	1936	相賀兼介・ 満洲国営繕需品局 営繕処設計課	中国長春市 復原＋部分再現	吉林大学
満州国総合法衙	1938	牧野正巳・ 満洲国営繕需品局 営繕処設計課	中国長春市 復原＋部分再現	中国人民解放軍
満州国交通部	1937	満洲国営繕需品局 営繕処設計課	中国長春市 復原＋部分再現	吉林大学
満州国経済部	1937	満洲国営繕需品局 営繕処設計課	中国長春市 復原＋部分再現	吉林大学
満州国民生部	1937	満洲国営繕需品局 営繕処設計課	中国長春市 復原＋部分再現	吉林省石油化工 設計研究院

建造物名	竣工年	設計者	所在地・保存状態	所有者・管理者
三菱康徳会館	1935	三菱地所	中国長春市 復元＋部分再現	長春市人民政府
三中井百貨店	1935	ウィリアム・ メレル・ヴォーリズ	中国長春市 復元＋部分再現	長春百貨大楼
東京海上新京ビル	1938	木下益治郎	中国長春市 復元＋部分再現	長春市中心医院
豊楽劇場	1935	三井建築 事務所	中国長春市 復原＋部分再現	吉林大薬房
満州国帝宮	1943	営繕需品局営繕処 宮廷造営課	中国長春市 復原＋部分再現	吉林大学
大興ビル	1937	不明	中国長春市 復原＋部分再現	吉林省政府
新京日日新聞社ビル	不明	不明	中国長春市 復原＋部分再現	不明
新京銀座吉野町 (旧日本人街)	1932	—	中国長春市 再現	吉林省政府
横浜正金銀行 新京支店	1922	中村與資平	中国長春市 完全保存	市雑技団
満州電信電話局	不明	不明	中国長春市 復原＋部分再現	チャイナ・ユニコム
満州中央銀行 南広場支店	不明	不明	中国長春市 復原＋部分再現	浴渓隆洗浴広場
新京郵便局	1910	松室重光・関東都督 府民政署土木課	中国長春市 復原＋部分再現	長春中央郵便局
南満電気長春支店	1928	小野木横井共同建築 事務所	中国長春市 復原＋部分再現	市場
新京駅	1914	市田菊治郎	中国長春市 解体	長春鉄路局
南満州鉄道奉天支店	1912	南満州鉄道建築課	中国瀋陽市 復原＋部分再現	不明
奉天駅	1910	太田毅・満鉄土木課 建築係	中国瀋陽市 復原＋部分再現	瀋陽鉄路局
奉天駅前商店街	不明	不明	中国瀋陽市 復原＋部分再現	不明
七福屋百貨店	1935	不明	中国瀋陽市 完全保存	不明
満蒙百貨店	不明	不明	中国瀋陽市 解体	不明
大東亜出版社	1910	不明	中国瀋陽市 復原＋部分再現	都市快車
奉天郵便局	1915	松室重光・ 関東都督府	中国瀋陽市 復原＋部分再現	大原街郵便局

建造物名	竣工年	設計者	所在地・保存状態	所有者・管理者
南満州鉄道社員寮	不明	不明	中国瀋陽市 復原＋部分再現	瀋陽市政府
武田薬品奉天支店	1936	不明	中国瀋陽市 復原＋部分再現	不明
奉天千日通り商店街	1932 頃	―	中国瀋陽市 解体	不明
奉天自動電話交換局	1928	不明	中国瀋陽市 復原＋部分再現	チャイナ・ユニコム
奉天佐藤歯科	1930	不明	中国瀋陽市 復原＋部分再現	不明
藤田洋行	1923	自営施工	中国瀋陽市 完全保存	秋林百貨店
横浜正金銀行奉天支店	1925	宗像建築事務所	中国瀋陽市 完全保存	中国工商銀行
奉天警察署	1929	関東庁 土木課	中国瀋陽市 完全保存	瀋陽市公安局
奉天三井ビル	1937	松田軍平	中国瀋陽市 完全保存	招商銀行
朝鮮銀行奉天支店	1931	三宅喜代治・ 朝鮮銀行営繕課	中国瀋陽市 完全保存	華夏銀行
満州医科大学病院	1929	満鉄地方部建築課	中国瀋陽市 完全保存	中国医大
東洋拓殖株式会社	1922	不明	中国瀋陽市 完全保存	瀋陽市商工会
奉天ヤマトホテル	1929	横井謙介 太田宗太郎	中国瀋陽市 完全保存	遼寧賓館
満州中央銀行奉天支店	1932	自家直営 施工	中国瀋陽市 完全保存	亨吉利世界名表中心
志誠銀行	1932	不明	中国瀋陽市 復元＋部分再現	中国工商銀行
奉天日本総領事館	1912	三橋四郎	中国瀋陽市 復元＋部分再現	瀋陽迎賓館
張学良邸	1918	不明	中国瀋陽市 完全保存	瀋陽市政府
大連ヤマトホテル	1914	太田毅	中国大連市 完全保存	大連賓館
星ヶ浦ヤマトホテル	1909	不明	中国大連市 復元＋部分再現	不明
東清鉄道本社	1902	ドイツ人 建築家	中国瀋陽市 完全保存	大連芸術展示館
ダーリニー市政府	1900	東清鉄道	中国大連市 完全保存	不明

建造物名	竣工年	設計者	所在地・保存状態	所有者・管理者
東清鉄道社員寮	1900	東清鉄道	中国大連市 完全保存	鉄道 1896 花園酒店
英国領事館	1914	H. アシェッド 工務局上海事務所技 師長補佐	中国大連市 解体	金融大廈
大連市役所	1919	松室重光・関東都督 府民政部土木課	中国大連市 完全保存	中国工商銀行
横浜正金銀行大連支店	1909	妻木頼黄 太田毅	中国大連市 完全保存	中国銀行
大連基督教会堂	1907	不明	中国大連市 復元＋部分再現	ケンタッキー・ フライド・チキン
南満州鉄道本社	1903	不明	中国大連市 完全保存	大連鉄路局
南満州鉄道病院	1925	フラー社	中国大連市 完全保存	大連大学病院
満鉄大連埠頭事務所	1920	横井謙介、 湯本三郎・ 満鉄建築課	中国大連市 完全保存	大連港務局
旅順関東軍司令部	1904 頃	不明	中国大連市 完全保存	中国人民解放軍
物産陳列所	1915	帝政ロシア	中国大連市 完全保存	大連市政府
愛新覚羅溥儀邸	1932 頃	―	中国大連市 完全保存	不明
河本大作邸	不明	不明	中国大連市 完全保存	レストラン南苑
新京吉野町商店街	1932 頃	―	中国長春市 ファサード保存	不明
新京ダイヤ街商店街	1932 頃	―	中国長春市 解体、完全保存	不明
奉天春日町商店街	1932 頃	―	中国長春市 解体	不明
加藤洋行新京支店	不明	不明	中国長春市 完全保存	不明
加藤洋行大連支店	不明	不明	中国大連市 完全保存	不明
加藤洋行奉天支店	不明	不明	中国瀋陽市 完全保存	不明
加藤洋行天津本店	1901	不明	中国天津市 解体	不明
内田洋行大連支店	1910	不明	中国大連市 完全保存	不明
大連連鎖街商店街	1929	宗像主一 衛藤右三郎	中国大連市 完全保存	不明

建造物名	竣工年	設計者	所在地・保存状態	所有者・管理者
大連露西亜人街 日本人住居	1900頃	—	中国大連市 再現	不明
哈爾濱ヤマトホテル	1903	不明	中国哈爾賓市 復原＋部分再現	龍門大厦貴賓楼
哈爾濱松浦洋行	1918	ロシア人 建築家	中国哈爾賓 完全保存	哈爾賓市観光局
九段会館 旧軍人会館	1934	川元良一	東京都千代田区九段 完全保存	東急不動産
横浜正金銀行ビル （横濱正金銀行大樓）	1924	パーマー＆ ターナー社	中国上海市外灘 完全保存	中國工商銀行 上海分行
日清ビル （日清大樓）	1925	ジョンソン＆モリス	中国上海市外灘 完全保存	華夏銀行上海分行
上海日本租界 （旧日本人居住区）	1842	不明	中国上海市 完全保存	ショッピングモール
自由学園明日館	1921	フランク・ロイド・ ライト	東京都豊島区 完全保存	自由学園
廈門日本領事館	1898	不明	中国廈門市鼓浪嶼鹿礁 完全保存	廈門大学
国会議事堂	1936	臨時建築局 辰野金吾 妻木頼黄 渡邊福三 など	東京都千代田区永田町 完全保存	日本国政府
日本銀行本館	1896	辰野金吾	東京都中央区日本橋 完全保存	日本銀行
早稲田大学恩賜館	1911	中條精一郎	東京都新宿区戸塚町 消失	早稲田大学
早稲田大学坪内博士 記念演劇博物館	1928	今井兼次	東京都新宿区戸塚町 復原＋部分再現	早稲田大学
2号館・旧図書館	1925	今井兼次	東京都新宿区戸塚町 完全保存	早稲田大学 會津八一記念博物館
大隈記念講堂	1926	佐藤功一	東京都新宿区戸塚町 完全保存	早稲田大学

お世話になった方々

歴史的建造物名称	所在地	担当者
三菱一号館 (三菱一号館美術館)	東京都千代田区丸の内	【三菱地所株式会社】 恵良隆二　様 【株式会社三菱地所設計】 植村和文　様 市村憲夫　様 荒川龍一　様 野村和宣　様 【株式会社木楽舎つみ木研究所】 荻野雅之　様
東京大学医学部附属病院	東京都文京区本郷	【東京大学医学部附属病院】 小岩井理美香　様 丸山綾　様 小川友明　様 飯島宜之　様 江川豊　様 永井良三　様 矢作直樹　様 岩動孝一郎　様 【鹿島建設株式会社】 川俣良太　様 太田直希　様 近藤圭一郎　様 廣瀬真吾　様 本間英介　様
旧帝国ホテルライト館	愛知県犬山市	【博物館明治村】 中野裕子　様 【INAX ライブミュージアム】 辻孝二郎　様 竹多格　様 後藤泰男　様
旧神戸居留地十五番館	兵庫県神戸市	【株式会社ノザワ】 伊藤栄一　様 【文化財建造物保存技術協会】 今井成享　様
歴史的建造物名称	所在地	担当者
日本工業倶楽部会館	東京都千代田区丸の内	【日本工業倶楽部】 福島晃　様
東京駅丸の内駅舎	東京都千代田区丸の内	【鹿島建設株式会社】 日下部大介　様
京都府京都文化博物館 (旧日本銀行京都支店)	京都府京都市	【京都文化博物館】 植村茂　様 【京都市役所】 石川祐一　様
中京郵便局	京都府京都市	【中京郵便局】 津田蔵　様
ヨドコウ迎賓館 (旧山村邸)	兵庫県芦屋市	【株式会社淀川製作所】 山元勝彦　様

歴史的建造物名称	所在地	担当者
甲子園会館 （旧甲子園ホテル）	兵庫県西宮市	【学校法人武庫川学院】 【武庫川女子大学】 宮崎晴味　様
旧岩崎邸	東京都文京区本郷	【東京都公園協会】 ボランティアガイド　様
日本郵船小樽支店	北海道小樽市	【小樽観光ガイドクラブ】 須藤ゆみこ　様
日本銀行小樽支店	北海道小樽市	【日本銀行札幌支店】 ボランティアガイド　様
北海道庁	北海道札幌市	【北海道庁】 ボランティアガイド　様
旧福岡県公会堂貴賓館	福岡県福岡市	【福岡県】 ボランティアガイド　様
加藤洋行	大阪府大阪市	【株式会社加藤洋行】 加藤琢己　様
新橋停車場	東京都港区新橋	【東京都】 内藤久男　氏
塗料分析作業	－	【明星大学　理工学部】 吉澤秀治　教授

謝辞

　本論文は、早稲田大学大学院国際情報通信研究科博士後期課程に在籍中の成果をまとめたものです。2010年より研究をスタートさせ、2011年から三菱一号館を対象に調査を行い、2013年より東京大学医学部附属病院内科研究棟を対象に調査を進めました。その間には、数多くの方々や組織の研究協力を頂戴し、今回ここに成果として研究をまとめ報告ができることに大変感謝致します。

　三菱地所の恵良隆二様および東京大学医学部附属病院パブリック・リレーションセンターの小岩井理美香様には、資料提供からインタビュー協力まで大変お世話になりました。また、建造物に関しては、法政大学の陣内秀信教授や岡本哲志教授、工学院大学の藤森照信教授よりご指導を賜りありがとうございました。また、三菱一号館に関しては、木楽舎の荻野雅之様より部材および貴重資料の提供を戴きありがとうございました。東京大学医学部附属病院に関しては、永井良三先生や矢作直樹先生よりインタビュー協力いただきました。

　そして、勤務校である静岡産業大学情報学部においても、研究者としての在り方や研究に対する姿勢について、大坪檀学園長や三枝幸文理事長、鷲崎早雄学長、川口順行前学部長、堀川知廣副学長・学部長、佐野典秀教授、土居繭子准教授、永田奈央美准教授、金炯中准教授よりアドバイス戴きました。さらに、大石義教授と高橋等教授からは、多大なるご支援を戴きました。また、柯麗華教授には、博士論文に対するアドバイスと同時に、大連・旅順・瀋陽・長春・哈爾濱・廈門出張に際して通訳して頂きました。中国人同士の込み入った会話から、日本人では知ることのできなかった情報を得ることができ、研究が大きく前進するきっかけになりました。また、本論文の英語タイトルに関しては、Adrienne Garden 准教授と法月健教授のお力添えを戴きました。重ねて御礼申し上げます。

　さらに、LIXIL住生活財団からは、研究助成金を二度頂戴し、本研究の多大なる発展に大変貢献頂きました。本助成があったからこそ、ここまで実証的な研究ができたものと考えています。

　そして、本論文の執筆から審査まで数多くのご指導とアドバイスを戴きました岡本哲志教授、亀山渉教授、河合隆史教授には心より御礼申し上げます。

　最後に、本研究および本論文の計画から実施まで息の長いご指導とお付き合いを戴きました坂井滋和教授と研究協力して下さった重藤祐紀君、王楽君、堀川華波さん、田中克明君、兪哲人君には大変感謝致します。長い間ありがとうございました。

　論文の最終校正では、九州大学の池沢聡先生と、Microsoft CERTIFIED Trainer の内藤由美先生にお世話になりました。

　家族含め、支援、応援、協力して下さった全ての関係者の皆様方ありがとうございました。

第 2 部

現場からのリポート

第2部　はじめに

　第2部では、歴史的建造物に刻まれた過去を紐解いていくことをする。

　本書を片手に街歩きをしてもらいたいと考え、現状保存されている歴史的建造物を中心に紹介する。事例として、「戦勝国と敗戦国を体験できる部屋」(日本郵船小樽支店)、「丸の内の地下室に秘密基地？」(三菱一号館)、「汽笛一斉新橋を♪鉄道の聖地にビヤホールが」(新橋停車場)、「地中から近代のお宝を発掘」(御茶ノ水橋)、「事件現場と歴史の証人」(東京駅丸の内駅舎)、「最後の皇帝の豪邸、後には観光スポットに」(旧満州国・中国東北部三省と中華人民共和国直轄市天津市)、「近現代のハイブリッド構造」(日本工業倶楽部会館、東京中央郵便局、旧神戸居留地十五番館)、「心のふるさと歴史的建造物」(自由学園明日館、武庫川女子大学甲子園会館、ヨドコウ迎賓館)、「時代とともに歩み、そして変化し続ける歴史的建造物」(東京銀行協会ビル、東京府庁舎、三菱銀行本店、日本郵船ビル)、「多摩地域の戦争遺構と航空宇宙開発」(日産自動車荻窪工場、中島飛行機東京製作所、中島飛行機武蔵製作所、中央工業南部銃器製作所、東京調布飛行場、日立航空機)、「武蔵国府に生まれて」(大國魂神社、武蔵国府、徳川家康府中御殿、京王線中河原駅、野口酒造中久本店)、「歴史的建造物の未来への継承」(藤枝本町駅、国立駅、丸ビル、三菱一号館、ワープステーション江戸、博物館　明治村、江戸東京たてもの園、府中市郷土の森博物館) を取り上げる。そして「まとめと今後の課題」でまとめている。

　第2部では、歴史的建造物が大切に守られている現状と、後世に少しでも継承していこうとする取り組みを紹介しており、貴重な歴史的建造物が、街に少しずつ残っていることをぜひ知ってもらいたいと考えている。そして、歴史的建造物は、時の流れとともに、少しずつ失われてゆく運命を辿っており、現存している間に、ぜひ一度訪問してもらいたい、当時そこで、どのような人がどのような営みをしていたのか、空間体験を通して、肌で空気を感じてもらいたいと思っている。

　本書を通して、世界の一等国を目指して邁進していた時代である明治・大正・昭和初期に生きた日本人の息遣いを少しでも感じてもらえたら幸いである。

1 戦勝国と敗戦国を体験できる部屋

日本郵船小樽支店

　日本郵船小樽支店は、1906年（明治39年）に日本郵船株式会社が佐立七次郎の設計で建設した建造物であり、近世ヨーロッパ復興様式で石造2階建建築である。長らく、日本郵船の迎賓館として使用され、来賓入り口と従業員入り口が分けられている非常に珍しい建造物である（図1、2）。

　この建造物に隠された謎は、数多く存在するが、今回は、2つの事例をご紹介する。まず、一つ目は、2階に設けられたホールである。入るとすぐに中央に置かれた豪華絢爛な机と椅子が目に飛び込んでくる（図3）。その圧倒的な広さと大きさは、パリのベルサイユ宮殿の一室をも思わせるほどの部屋である。ここは、

図1　日本郵船小樽支店

図2　日本郵船小樽支店営業室

日露戦争終結後の樺太（現在のサハリン）を割譲した際に、当時のロシアとの国境線を決めた国境画定会議の際に使用されたものである。1906年（明治39年）11月13日から21日までの間で4回にわたって両国の軍人などが参加して行われ、測量方法や境界標石表示方法、作図

確認方法などの国境を定めるための会議が開催された。こうした戦勝国としての華々しい一面を垣間見ることができる部屋になっているが、一方、壁面に目を移すと、暗い日本の過去も知ることができる。それは、敗戦国としての傷跡でもある。1945年（昭和20年）に終結した太平洋戦争（大東亜戦争）後にアメリカの進駐軍によって付けられた痕跡である。進駐軍が接収した際には、ダンスホールとして使用され、毎晩ダンスパーティーが催されていた。その際に、軍人たちがタバコを吸う際に、マッチを壁紙の凹凸に擦り付けて火をおこしていたようで、その結果、壁面には無数の斑点ができ、壁紙が剥がれ落ちている部分が数多く目に付いた（図4）。このように、一つの部屋で戦勝国としての華々しい時代と、敗戦国としての暗い時代を一度に空間体験することができるようになっており、大変珍しい歴史的建造物である。ぜひ、読者のみなさまも一度訪れてみると良いのではないだろうか。

　そして、日本郵船小樽支店には、もう一つの謎がある。それは、金庫

図3　日本郵船小樽支店応接室

図4　日本郵船小樽支店マッチ痕のある壁紙

図5　日本郵船小樽支店金庫室扉

室の謎の扉である（図6）。部屋に入ると奥の方に、人一人が通り抜けられる程度の扉が取り付けられてある。よく注目すると、内部からは、階段を掛けなければ到達できない中途半端な位置に取り付けられている。これは、二つの意味が込められており、一つ目は、ロシア軍が海岸線から攻め込んで来た時に、金庫の中に納められた貴重品を持って逃げることができるように付けた非常口のようなものだという。二つ目は、火災等が発生した時の緊急避難出口である。そして、気になる高さであるが、内側から見ると理解し難いが、外側に回り込んでみると、豪雪地帯であるため、人間の身長程度の積雪があった場合にも、この扉は埋まらない位置に設置されているのだという。つまり、平時や夏季期間は、通常の非常口から退避し、緊急時や冬季期間は、金庫室の非常口から退避するというように、冗長系になっているとのことであった。平和な世の中になった現代においては、理解し難い部分も多く存在するが、明治維新以降から太平洋戦争終結までは、このように他国からの侵略や侵攻といったことに対しても備えておかなければならなかったということも、こうした歴史的建造物から読み取ることができる。正に、歴史的建造物は、様々な時代を乗り越えて、現代に生き続ける歴史の生き証人である（図6-9）。

図6　日本郵船小樽支店金庫室
　　　の小さな扉

図7　日本郵船小樽支店金庫室の外側の窓

図8　日本郵船小樽支店国境碑日本側

図9　日本郵船小樽支店国境碑ロシア側

　さらに、小樽に点在する歴史的建造物は、海側に面した壁は、厚さが大きいのに対して、それ以外の部分は、通常の厚さとなっている。これは、日清・日露戦争当時に建設された建造物であるだけに、海側から、敵戦艦からの砲撃（艦砲射撃）を想定して、戦艦から発射された徹甲弾が、外壁を貫通させないために用いられた手法である。窓にも装甲シャッターが取り付けられており、戦乱の時代を感じさせる重要な建造物となっている。

2 丸の内の地下室に秘密基地？

三菱一号館

　三菱一号館は、1894年（明治27年）に三菱合資会社によって建てられた近代オフィスビルである。お雇い外国人であるジョサイア・コンドルによって建てられた煉瓦建築で、地上3階地下1階建てのクイーンアン様式の建造物である。当時、三菱ヶ原と呼ばれた現在の丸の内一帯は、江戸時代までは大名屋敷が立ち並ぶ江戸城内であった。その後、明治時代に入ると、陸軍練兵場が置かれ、天皇を守る軍の施設となっていた。しかしながら、クーデターを恐れた日本政府が、陸軍練兵場を六本木に移転させるため、岩崎家率いる三菱財閥へと払下げとなり、以降、三菱財閥によって近代オフィ

図1　三菱一号館（再現後）

図2　三菱一号館（竣工当時）

スビルの建設が始まるのである。一期開発は、三菱一号館を中心とした煉瓦建築群の建設であり、一丁倫敦（いっちょうロンドン）（図3）と呼ばれる街を形成していった。その後の二期開発は、工期短縮を目指し、丸ビルを中心とした鉄筋コンクリート造（RC造）建築群の建設で一丁

紐育（いっちょうニューヨーク）
（図4）と呼ばれる街を形成して
いった。三期開発は、関東大震災
後の震災復興である。その後は、
高度経済成長期の再開発があり、
そして近年は、丸ビルや新丸ビル
の再開発からスタートし、三菱一
号館の再現なども実施した丸の内
一帯の再開発が進行中である。

　そのような中、現代的なビル群
の地下に、明治時代を彩った三菱
一号館や大正時代の代表建築であ
る丸ビルなどの解体部材が眠って
いる三菱地所の秘密基地が都内の
一 等 地 に 存 在 す る。 そ こ は、
ショッピングモール兼オフィスビ
ルの雰囲気漂うビルの地下6階に
位置し、ロビーを入り高速エレ
ベーターで降りたところにある。
そして、地下6階で扉が開くと、
独特な音と匂いのする長い廊下が
ある。この地下水を汲み上げる
モーター音の中を抜けていくと鋼
鉄の扉がいくつもあり、その複数
の部屋に、三菱地所が所有してい
た歴史的建造物の解体部材が令和
の時代にも眠り続けているのであ
る。

図3　一丁倫敦

図4　一丁紐育

図5　現在の丸の内周辺

このビルは東宝株式会社が所有する帝国劇場と一体化されているため、帝国劇場の盆とせり上がりの構造があるため地下6階まで空間が設けられているのである。

　そして、明治・大正・昭和初期の建造物の解体部材の多くは、東京湾の埋め立て地や様々な産業廃棄物処理置き場に眠っている可能性が高いが、三菱一号館と丸ビルの一部の部材は、丸の内の地下に大切に保存されている。また、三菱一号館を解体した当時は、博物館明治村等への移築保存を検討していたため、その多くが、三菱高輪開東閣へと移送されて保存されていたが、その夢も潰えてしまい、結果的には、一部の部材を残して廃棄された。その後、解体部材が日の目を浴びたのは、2006年に三菱一号館が当該街区に完全再現されることが決定した時である。約40年の歳月を経て、三菱一号館の解体部材にスポットが当てられたのである。

図6　元の位置に戻された当時の窓枠

　株式会社三菱地所の関係者の話によると、「1968年当時、煉瓦建築を解体し、近代的なオフィスビルの建設を推進していた社員が、2006年頃、当社役員になり、自らの仕事の足跡を振り返った際に、100年前の人々が継承してきた歴史を塗り替えることに邁進し、100年後の未来の人々へ歴史のバトンを継承できなかったといった後悔の念に駆られ、歴史の継承と技術の伝承を目的に当該街区に完全再現することを決めたと

図7　三菱一号館当初部材（窓枠）

のこと」であった。

　晴れて、三菱一号館の完全再現が実施されることとなり、専門家会議を経て、当時の部材を、当時部材が取り付いていた場所に戻すという方針が採用され、保存されていた部材の多くが現在の、三菱一号館美術館の建造物内に設置されている。これを、歴史的建造物に込められた魂の継承と呼ぶとのことである。部材一つ一つに魂が宿っており、それらを、当時と同じ場所に戻すことによって、再現された建造物に息を吹き込むことができるとのことである。

　そして、戻された部材は、三菱一号館美術館の西側の3階の窓部分の窓枠と、内階段の手摺などがあり、一般客でも自由に見学することができるようになっている。三菱地所がなによりも大切にしたことは、現代の人々に明治時代の様相を理解してもらうために、空間体験をしてもらおうと、オフィスビルとしての用途ではなく、美術館としての用途へと切り替えて再現したことにある。美術館とすることで、人々が滞留し、新しい交流活動スペースとして、文化の発信基地という役割も担っている。

　一方で、安全性や劣化などにより、元の位置に戻されなかった部材も数多くあり、それらの部材は、今でも、三菱地所の秘密基地内で、静かに余生を過ごしている。その構成部材は、石造の窓枠の一部や、避雷針などに使われた鉄柱類、鋼鉄製の屋根飾り、入り口の扉などがあり、展覧会などの際に展示されるほかは、目にすることはできないが、これからも大切に継承されることであろう。

図8　三菱一号館当初部材
（扉・避雷針・屋根装飾）

図9　三菱一号館当初部材
（避雷針先端鉄球）

図10　三菱一号館当初部材（柱頭飾り）

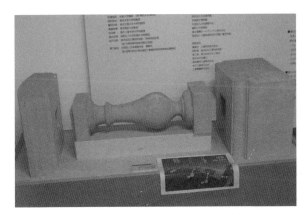

図 11　三菱一号館当初部材（手摺）

図 12　三菱一号館当初部材（松杭）

図 13　丸ノ内ビルヂング当初部材（エントランス銘版）

3 汽笛一斉新橋を♪
鉄道の聖地にビヤホールが

旧新橋停車場

1872 年（明治 5 年）10 月 14 日に日本初の鉄道が新橋－横浜間で開業した。近年、高輪築堤などが発掘され、再び注目を集めているが、1997年（平成 9 年）よりスタートした旧新橋停車場外観復元プロジェクトも忘れてはならないものである。（図 1、2）

旧新橋停車場は、1923 年（大正 12 年）の関東大震災が発生するまでターミナル駅として交通の要衝となっていたが、震災による大規模火災によって延焼し、燃え残った駅舎や部材は地下に埋められていた。

その後、1914 年（大正 3 年）12 月 20 日に東京駅（中央停車場）が開業したことによってターミナル駅としての役割を終え、新橋停車場の駅は、現在の新橋駅の位置にあった烏森駅に移り、新橋停車場は、汐留駅と改称して、機関車の操車場や修理工場、貨物列車のターミナル駅として長らく利用されることになる。そして、1986 年（昭和 61 年）に廃止されてからは、再開発が検討され、1995 年（平成 7 年）から発掘調

図 1　新橋停車場（竣工当時）

図 2　新橋停車場（復元後）

査などが実施され、1998年（平成10年）には、国から「旧新橋停車場跡地」として史跡登録を受け、復元プロジェクトが開始された。再開発に際しては、日本の鉄道の発祥の地を再開発するとあって、反対運動もあったが、旧新橋停車場の遺構を埋土保存するとともに、旧新橋停車場駅舎を完全再現するということで、反対運動も収まり、2003年に汐留シオサイトおよび旧新橋停車場として、オープンする運びとなった。

　汐留駅一帯が全て発掘調査されたことによって、明治時代から大正時代を経て昭和初期から昭和中期へと拡張されていった全容をつかむことができた。発掘に際しては、一部の車両基地の建屋を博物館明治村に移築するなど、積極的な保存が試みられた。また、武家屋敷時代の上下水道の遺構なども出土し、正確な情報の保存も実施された。最終的には、ターンテーブルや石炭の保管庫跡などの位置も明らかになったほか、情報の乏しかった竣工当時の駅舎の部材やプラットホームの位置など全て明らかになったのである。また、当時の駅舎の外壁は、関東大震災時に一部地中に埋めて廃棄されていたため、伊豆半島で採られた伊豆石が使われていたことも明らかになった。そして、プラットホームの一部や駅舎へ入る石段なども一部実際に生で見ることができるように保存されている。こうした保存再現は、東日本旅客鉄道株式会社および公益財団法人東日本鉄道文化財団と、東京都が連携して実施したプロジェクトであったため、数多くの文化財を保存できたほか、当該街区に、当時の雰囲気を演出した旧新橋停車場という歴史的建造物を完全再現することができたのである。これらの建造物も、三菱一号館美術館同様に、内部の空間体験できるようになっており、1階は、カフェスペースであり、2階が鉄道歴史展示室で、どちらも自由に入館可能であり、当時の雰囲気を肌で体感することができるようになっている。さらに、埋土保存された基礎や階段、プラットホームは、現物を見ることができるため、当時の人々の息遣いを肌で感じ、当時に思いを馳せることのできる空間となっている。（図3-14）

図3　新橋停車場竣工当時の階段

図4　新橋停車場竣工当時の階段

図5　新橋停車場再現された
プラットホームと0哩標

図6　0哩標

図7　新橋停車場竣工当時のホーム

図8　新橋停車場竣工当時の鉄道寮新橋工場
（博物館 明治村）

図 9　新橋停車場竣工当時の鉄道寮新橋工場
（博物館 明治村）

図 10　新橋停車場竣工当時の鉄道寮新橋工場
（博物館 明治村）

図 11　新橋停車場竣工当時の鉄道局新橋工場
（博物館 明治村）

図 12　新橋停車場竣工当時の鉄道局新橋工場外観
（博物館 明治村）

図 13　新橋停車場竣工当時の鉄道局新橋工場内部
（博物館 明治村）

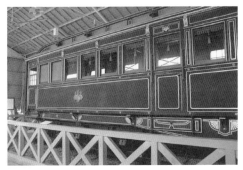

図 14　御料車
（博物館 明治村）

4 地中から近代のお宝を発掘

お茶の水橋

　2020年（令和2年）1月28日の東京新聞「舗装の下に都電レール　東京・お茶の水橋　戦中に廃止、工事で地上に」という記事を見て目を疑った。地中に眠っていた近代日本の歴史的遺構が、突如として発掘されたのである。お茶の水橋の舗装改修工事中に路面のアスファルトを剥がしたところ、地中より線路と石畳が出現した。

　お茶の水橋は1891年（明治24年）に架橋され、1923年（大正12年）の関東大震災にて一度焼失後、1931年（昭和6年）に再び新たな橋として架橋されたのである。その後、1940年（昭和15年）には、橋を通過する市電が敷設され、長らく運行されてきたが、1941年（昭和16年）に開戦となった太平洋戦争の影響で運行が厳しくなり、1944年（昭和19年）の戦況悪化により一時休止状態となっていた。その後、再開されることなく廃止され、レールや軌道、石畳なども撤去されることなく、上にアスファルトが敷かれ、現代まで誰にも気付かれることなく静かに余生を過ごしてきたのである。

図1　初代お茶の水橋

こうしたレールは大変珍しく、東京市電から東京都電を経て、都バスにバトンが渡されるまで現役だったレールの多くは、廃止と同時に即日撤去され、レール類は溶かして鉄として再利用され、石畳も歩道の舗装や花壇の石、さらには破砕して砂利などとして再利用されており、その多くは現存していない。そのような中、お茶の水橋上では、当時アスファルトを被せて埋めたと思われるタイムカプセルが発見され、77年の時を経てこの世に姿を現したと話題になった（図2-4）。

千代田区の担当者へのインタビューでは、「嬉しくもありますが、複雑な思いもある」とのことであった。それは、「歴史的瞬間に立ち会えたといった喜びとともに、レール等の撤去にかかる費用が増えるのではないか」といった心配もあるようだ。

しかしながら、こうした歴史的遺産は、現代の日本にあっては、完全保存へと舵を切ることは難しい状況である。まして、都内の一等地であり、路面電車が通っていた時代と交通量が違いすぎるために、当該街区での保存は厳しい状況にあった。また、移築するとしても、その移築費用や維持管理費

図2　お茶の水橋レール跡
提供：安井憲郎氏

図3　お茶の水橋レール跡
提供：浅見哲哉氏

図4　お茶の水橋レール跡
提供：浅見哲哉氏

用をどこが負担するかといった懸念もあり、最終的には、一部の研究機関や研究者、博物館などが取得して独自に保存する方法が採られることとなった。

　当時、この路線が廃止された理由としては、橋に勾配があるため消費電力が大きかったこと、採算性の悪い路線であったことなどによる。戦後は、急速に経済が復活すると、需要が地下鉄や自家用車に移り、路面電車・市電の時代ではなくなっていったことが大きいようである。(図5-9)

　こうした歴史的遺産にふれあえるといったことも、東京という都市の醍醐味といえるのではないだろうか。

図5　お茶の水橋レール跡　提供：安井憲郎氏

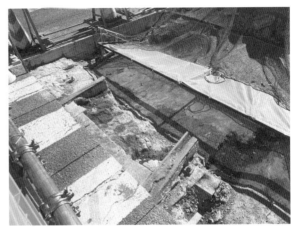

図6　お茶の水橋レール跡（筆者撮影）

図7　お茶の水橋レール跡
提供：安井憲郎氏

図8　出土したレール

図9　敷石を上から撮影したもの

5 事件現場と歴史の証人

東京駅丸の内駅舎

　歴史的建造物は、長きにわたり同じ場所に存知し、時を刻むことによって、その身に歴史を刻んできた。時には、戦勝記念パレード、有名人の訪問、国葬、事件事故の記憶などが刻まれてきた。その代表格に位置付けられるのが、東京駅丸の内駅舎である。1914年（大正3年）に日本を代表する建築家である辰野金吾によって設計された建造物であり、現在に至っても日本や東京の顔となっている大変有名な歴史的建造物である。東京駅丸の内駅舎は、幾度も解体の危機を乗り越え、2012年（平成24年）に、竣工当時の状態に戻されるという完全復原が実施された。資料が少ない中でも、類似設計や創造設計・想像設計の技術を

図1　東京駅丸の内駅舎（復原後）

図2　東京駅丸の内駅舎（竣工当時）

用いながら、当時に一番近い状態に戻されたのである。
　東京駅丸の内駅舎は、竣工して間もなく迎えた関東大震災では、避難所としての役割を担うこととなる。当時は、入場口と退場口が分かれていた北ドームと南ドームが救護所として使われたのである。

その後、日清戦争や日露戦争の凱旋
パレードの際には、駅前広場に凱旋門
が築かれ、お祭りムードを演出してい
た。さらに、日中戦争当時は、「武漢
陥落」といった旗がはためいている写
真なども残されている。

そして、太平洋戦争前後では、アド
ルフ・ヒトラーや愛新覚羅溥儀の来日
の際の歓迎セレモニーが駅前広場で行
われたほか、山本五十六元帥の国葬時
の遺骨出迎えなども行われた。

また、明治維新以降、激動の時代を
生き抜いてきた建造物だけに、内部で
事件なども数多く発生している。その
一例として、1921年（大正10年）と
1930年（昭和5年）に発生した原敬
暗殺事件と浜口雄幸暗殺事件があげら
れる。いずれも、当時の内閣総理大臣
を狙ったテロ事件であった。1921年
（大正10年）11月4日午後7時20分、
京都で開かれる政友会京都支部大会に
赴く原敬首相が、改札口で一人の青年
によって刺殺されたのである。その事
件現場には、床に事件を記す鋲が打ち

図3　東京駅丸の内駅舎（戦後改修後）

図4　原首相遭難現場

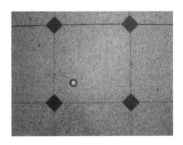

図5　原首相遭難現場

込まれているとともに、壁面には銘版がはめ込まれている（図4、5）。
実際に、その場所に立つこともでき、空間体験（図6）できるように
なっているほか、犯人の足跡なども記録されているため、100年以上前
に起きた事件ではあるが、今も風化することなく、歴史が刻まれている。

1930年（昭和5年）11月14日午前
8時58分、岡山県下の陸軍特別大演
習参観予定の浜口雄幸首相が現在の
9・10番線ホームで銃殺された。現場
で医師の手当てを受けた後、東京帝国
大学医学部附属病院で手術を受け、一
命は取り留めたが、同年8月26日に
死去した。

　その犯行現場は、現在、ホーム改修
などによって、当時の場所には存在し
ないが、その事件現場には、床に鋲が
打ち込まれているとともに、壁面には
銘版がはめ込まれている。銘版の場所
は、東海道新幹線の乗り換え改札の近
くに残されている（図7-9）。当時と
は、様子が異なっているため、正確な
空間体験はできないが、表示は残され
ているため、当時を偲ぶことはできる
ようになっている。また、新聞による
と、東京帝国大学医学部附属病院第一
外科手術室で手術を受けたとされてお
り、現在も、附属病院には、歴史的建
造物が保存されて残されているため、
当時の場所も残っている可能性もあ
る。

　このように、長い歴史の中で生き抜
いてきた歴史的建造物だけに様々な時
代の空気感を焼き付けているのであ

図6　原首相遭難現場（空間体験の様子）

図7　浜口首相遭難現場

図8　浜口首相遭難現場

る。そうした歴史に触れ、空間体験することによって、当時に思いを馳せ、その時代に歴史的建造物も存在し、自らもその歴史の中の登場人物の一人であることを再認識してもらいたいと考えている。

　姿形あるものは、いずれ壊れ失われていくものであり、現存していてもやがては消えゆく運命であるため、少しでも残っている間に、その空気感に触れておくことで日本という国がこれまで辿ってきた歴史がどのようなものであったのか、五感で感じることでより豊かな発想が生まれる。

　歴史的建造物は、容積率的にも非効率であり、近現代のインフラ化を進めようとした場合にも、大掛かりな工事が必要となるため、解体へと進む事例が多いので現存する間に多くの歴史的建造物を訪問し、そこで起きた歴史的事象を体感することをお勧めしたい。

図9　浜口首相遭難現場

図10　当時の煉瓦壁の様子

図 11　即位大典

図 12　東宮殿下御渡欧記念東京駅前奉送門

図 13　復興祭

図 14　満州国皇帝溥儀来訪

図 15　満州国皇帝溥儀来訪

図 16　満州国皇帝溥儀来訪

図 17　東京駅前奉迎門

図 18　東京駅

図 19　東京駅

図 20　東京駅丸の内駅舎ドーム内

図 21　東京駅乗車口地階浴場

6 最後の皇帝の豪邸、後には観光スポットに

薄儀の宮殿と邸宅
旧満州国時代の歴史的建造物
旧租界地時代の歴史的建造物

　前述した通り、歴史的建造物は物言わぬ歴史の継承者である。日本も明治維新以降、世界の五大国に名を連ねて軍事力と帝国主義を背景として近隣諸外国へと進出していった。日清戦争後の三国干渉により、日本は富国強兵の名の下に、海外からの圧力を軍事力で撥ね退けようとしていた。その当時、日本は中国大陸に進出しており、軍や政府が数多く現存する歴史的建造物を建設していった。そして、その一部が現在もそのまま残されている。その多くは、観光目的の博物館としての趣が強いが、中国政府の現役の施設として使われているものも多い。そこで今回は、薄儀の宮殿や邸宅を中心にして、満州国時代の歴史的建造物を紹介する。

（1）天津（静園）

　薄儀は、清朝滅亡後、世界の五大国に庇護を求めて交渉をすることとなる。しかしながら、イギリスやフランスはそれを断り、結果として日本が引き受けることになった。そして、天津にあった日本租界の一角にある「静園」に身を寄せた。図1は、当時の旧日本租界標柱であり、現物が天津博物館に保存されている。また、図2、図3は、当時の日本租界旭街の様子と、現在の和平路の写真である。ここから少し奥に入ったところに図4に示した当時の静園が現在も保存されている。

図1　旧日本租界標柱（天津）

図2　日本租界旭街（天津）

図3　旧日本租界旭街周辺（天津市和平路）

図4　静園

図5　静園内部

　静園は、戦後に放棄され、荒廃を極めており解体の危機もあったが、溥儀のルーツを辿る旅をする観光客もおり、復元して保存することになった。

　図5は、静園の内部の写真である。正面玄関入ってすぐに豪華なシャンデリアが飾られた部屋がある。ここは当時、日本軍の関係者と溥儀が懇談するのに使ったほか、溥儀や婉容皇后が友人を招いた折に接待で使った部屋とされていた。

図6　溥儀の寝室（静園）

　図6は、溥儀の寝室である。当時ここで溥儀は寝起きをしていた。この調度品は当時の物ではないとのことであったが、当時の様子を垣間

見るにはわかりやすい演出となっている。図8は、静園からの眺めである。現在は高層ビル群が見えるが、当時は租界地の方が見えていたとのことである。溥儀は、日本による庇護という名の下に監視され、幽閉されながら数年を過ごすことになる。

図7　天津租界

　溥儀は、ここで幽閉生活を過ごしながら、図9の執務室で書を眺めながら日々を過ごしていたのである。また、婉容皇后は天津で長く育ったこともあり、楽しい日々を過ごしていたという記録も残されている。

図8　静園からの風景

（2）旅順

　溥儀は、天津日本租界の静園に匿われた後に満州国建国とともに、執政に就任することとなり、天津→旅順→大連→奉天→新京というルートで新京まで連れて来られている。現代とは異なり、移動には数日を要することから旅順でも滞在している。旅順で滞在した際に宿泊した溥儀の別邸は、現在でも史跡として残されており、一般人が住居として利用している（図10）。ま

図9　溥儀の執務室（静園）

た、溥儀の居場所を秘匿するために、旅順ヤマトホテルでも幽閉生活を送ることとなり、ここで死を迎えたとされたこともあった。そのわけは、満州国建国に際して、皇后不在という状態では問題があるため、愛新覚

羅顯㺭（男装の麗人・川島芳子）
に、溥儀が死去したことにして、
婉容皇后に天津から会いに来るよ
うに説得するよう依頼したためで
あるといわれている。そして、溥
儀の後を追って天津から連れて来
られた婉容皇后が溥儀と再会した

図10　旧溥儀の別邸（旅順）

のが、このホテルであったとされている。（現在も、旅順ヤマトホテル
は、中国人民解放軍の招待所として現存しているが、軍事関連施設であ
り、外国人がカメラを向けることができないため掲載はできていない。）

（3）ヤマトホテル

　旧満州国内の各地には、「旧南満州鉄道株式会社」が運営していた
「ヤマトホテルグループ」が存在する。そこには、溥儀や満州国関係者、
伊藤博文首相を筆頭にした大日本帝国政府関係者、軍人、夏目漱石など
の各界の著名人など、日本に所縁のある人物が数多く宿泊した。そし
て、今では中国政府が管理運営する宿泊施設や中国人民解放軍の宿泊施
設、民間企業が運営するホテルとして現在でも営業を続けている。今回
は、溥儀も訪問した大連ヤマトホテル（大連）、奉天ヤマトホテル（瀋
陽）、新京ヤマトホテル（長春）、哈爾濱ヤマトホテル（哈爾濱）につい
て紹介する。

① 大連ヤマトホテル（大連賓館）

　大連ヤマトホテルは、ヤマトホ
テルグループの中でも初期に造ら
れたホテルである（図11）。大連
市内の中心部に位置し、当時の横
浜正金銀行（現・中国銀行）と向

図11　大連ヤマトホテル

かい合う形で建てられている。図12
は、大連ヤマトホテル正面玄関である。
中に入ると図13のような豪華絢爛な
シャンデリアが配されており、一級ホ
テルの様相を呈している。そして、大
連は当時、日本との定期航路も就航し
ており、さらに日本や諸外国から満州
国に入国する際の最初の滞在都市とな
るため、この大連ヤマトホテルには賓
客をもてなすための高級な部屋なども
用意されている（図14）。現在では、大
連賓館としてホテル営業がなされてお
り、一般の観光客でも宿泊が可能と
なっている。当然、当時のようなもてな
しや豪華絢爛な雰囲気漂う空間での宿
泊は不可能であるが、一般的な中国の
格安ホテル並みとなっている。また、
個室内は近代改装がなされており、当
時を偲ぶ面影はほとんどないが、廊下
や階段、バンケットホールなどは当時
のままであるため、戦前・戦中の豪華
な雰囲気を空間体験することが可能と
なっている。このように、歴史的建造
物が当該街区に当時のまま保存されて
いるので空間体験をし、当時の様子を
伺い知ることができるのである。中国

図12　旧大連ヤマトホテル

図13　旧大連ヤマトホテル
エントランスホール

図14　旧大連ヤマトホテル貴賓室

大陸では、戦前・戦中に日本が建設した建造物は数多く残されており、
現在でも改修を重ねながら大切に利活用されている例が数多く存在する。

図15 奉天ヤマトホテル

図16 旧奉天ヤマトホテル

② 奉天ヤマトホテル（遼寧賓館）

奉天ヤマトホテルは、近年、溥儀や満州国に関するドキュメンタリー番組などでも比較的多く取り上げられる建造物である（図15、16）。その理由は、山口淑子（李香蘭）が初舞台を踏んだ劇場が残されているからである。当時まだ無名であった山口淑子を世に知らしめるきっかけとなった舞台であったからである。驚くべきことは、奉天ヤマトホテルのエントランスを入ると、山口淑子が弾いていたピアノが当時のまま残されている（図17、18）。従業員にヒアリングしたところ、長い間調律はしていないので、弾けるかは定かではないが当時、山口淑子が使っていたピアノであると言い伝えられており、大切に保存してきたとのことで

図17 旧奉天ヤマトホテル
エントランスホール

図18 李香蘭のピアノ

あった。また、日本の番組において山口淑子が旧満州地方を訪問した番組の中でも、このピアノを見て当時弾いていたもので懐かしいと語って

図 19　旧奉天ヤマトホテルホール

図 20　旧奉天ヤマトホテルホール

図 21　新京ヤマトホテル

図 22　旧新京ヤマトホテル

いたので本物である可能性が高い。このように歴史的建造物をただ保存
しておくだけでなく、ホテルとして利活用することで動態保存をし、そ
して調度品や什器類、さらには娯楽用の設備なども併せて保存すること
で、より当時の様子を想像ではなく理解することが可能になるのであ
る。(図19、20)

③ 新京ヤマトホテル（春誼賓館）

　新京ヤマトホテルは、旧満州国の首都が置かれていた都市に建てられ
たホテルである（図21）。新京ヤマトホテルは、大連ヤマトホテルや奉
天ヤマトホテルに比べると有名ではないが、首都にあるヤマトホテルだ
けあって各国の著名人が宿泊した記録も残されている。外観も内観も改
修されてしまっているため、当時の面影を残す部分は少ないが、内部に

図 23　旧新京ヤマトホテル

図 24　旧新京ヤマトホテル

図 25　旧新京ヤマトホテルエントランスホール

図 26　旧新京ヤマトホテル大階段

入ると図23や図24のように、過去に宿泊した著名人の顔写真が展示されている。溥儀や李香蘭も宿泊したとのことである。しかしながら、図25や図26のように内観も大幅に改修されているため、当時、日本の帝国ホテル、満州国の新京ヤマトホテルと呼ばれ、二大ホテルとして肩を並べていた時の様子を感じ取ることはできない。当時は館内に滝や噴水があり、また和漢折衷の丸窓がデザインとして施されるなど、ディテールにまでこだわって両国の有効な関係性を示していたそうだが、それらの装飾は全て撤去されているため現在の状態となっている。このように保存されていたとしても、近代改装が施されてしまうと当時の名残を探すことは難しく、唯一外観の形状情報から同一建造物であることを認識する以外には方法はなく、やはり、保存の仕方といった部分も十分に検討をする必要がある。

図27　哈爾濱ヤマトホテル

図28　旧哈爾濱ヤマトホテル

④ 哈爾濱ヤマトホテル
　　　　　　（龍門大厦貴賓楼）

　哈爾濱ヤマトホテルは、保存されて
いる事実もあまり知られていない建造
物である（図27、28）。地方都市やリ
ゾート地に存在したヤマトホテルは、
その多くが破却されているか、または
森林に侵食され、当時ここにあったと
いうことしかわからない程度に荒廃し
ているものが多いが、この哈爾濱ヤマ
トホテルは珍しく保存し利活用されて
いる極めて特殊な例である。内部に入
ると一部リニューアルされていたが、
他のヤマトホテルに比べると比較的当
時の雰囲気が残されていた（図29、
30）。また、ホテルの特徴は歴史に焦
点を当て、満州国や哈爾濱、ヤマトホ
テルなどの歴史展示が行われていたこ

図29　旧哈爾濱ヤマトホテル
エントランスホール

図30　旧哈爾濱ヤマトホテル大階段

とである。旧館から新館に通じる廊下の両側に当時の写真などが展示さ
れており、その中には日本人、中国人、ロシア人などが写っており、日
本と中国、ロシアの接点になっていた都市で、交通の要衝であったこと

がわかる。また当時、哈爾濱駅周辺と、日本人が多く住んでいたキタイスカヤ街（中央大街）やモストワヤ街までは距離があったため、市電やバスで移動したとのことである。

（4）大連浪速町（大連天津街）

大連浪速町は、現在天津街と呼ばれており、当時は日本人街であったが、現在では大連一の繁華街になっている。満州国時代は商店街を形成しており、一階で商売をし、二階で暮らすといった外地ならではの生活様式となっていた。現在ではその多くが解体され、大規模な商業施設に置き換わっているが、一部当時の建造物も残されている。図31の写真に写り込んでいる建物は、当時、図32の幾久屋百貨店である。現在も、外観の一部は改装されているものの、百貨店として利活用されている。また、珍しいことにこの幾久屋百貨店は現在の第100代・第101代内閣総理大臣岸田文雄氏の祖父である岸田正記氏が創業したことでも有名である。また、大連に出店する以前は、台湾の基隆に岸田呉服店（図33）として出店していたようである。

図31　天津街（旧大連浪速町）

図32　幾久屋百貨店（大連）

図33　岸田呉服店（台湾）

図 34　旧幾久屋百貨店建物

図 35　大連連鎖街商店街

図 36　連鎖街商店街の映画館跡

図 37　連鎖街商店街 旧内田洋行社屋跡

（5）大連連鎖街商店街（大連連鎖街）

　大連連鎖街商店街は、外地でも大変有名な日本人街である。日本の芸能人の中でも中国大陸からの引き揚げを経験した人は、ここで生まれ育った人も多い。1階で個店を経営し、2階で暮らすといった生活スタイルが一般的であった。ここにはショッピングモールや飲食店、映画館、旅行代理店などが軒を連ね、当時日本人が外地で暮らすのに必要なものはここで手に入ったのである（図35）。また、有名な話では現在、オフィス、学校、自治体のITシステムや空間構造を手掛ける専門商社として知られている株式会社内田洋行もこの連鎖街商店街で創業している（図38-41）。南満州鉄道株式会社を退職した内田小太郎氏が創業した。洋行とは、外国人商社や外国人商店を意味する言葉であり、満州国

図 38　内田洋行大連連鎖街の社屋
提供：株式会社内田洋行

図 39　連鎖街の事務所
提供：株式会社内田洋行

図 41　連鎖街の小売部
提供：株式会社内田洋行

図 40　内田洋行店舗
提供：株式会社内田洋行

図 42　大連支店・連鎖商店御案内小冊子
提供：株式会社内田洋行

時代には○○洋行という看板がずらりと並んでいた。さらに、連鎖街商店街は当時の状態のまま残されている数少ない商店街であり、現在は低所得者層の住居やファーストフードなどの飲食店として利活用されている。当時は大連駅前の一等地ということもあり、高所得者層の日本人が暮らし、高級バーなどもあったそうであるが、歳月の経過とともに老朽化し、現在ではその一等地としての地の利の良さも活かしきれていないスラム街的な空間となっている。また、内田洋行の創業の地は、現在、テイクアウトのから揚げ専門店として営業しており、内装は大幅に変更されているが、外観は当時のままの状態であり、当時の写真と比較してもその場所がわかるようになっている。しかしながら、この連鎖街も駅前という好立地もあるため、いずれは駅前の高層ビル群に呑み込まれてしまう可能性が高く、まだ残されている間に訪問することをお勧めする（図37）。

図43　旧大連三越百貨店

図44　大連駅

図45　大連駅

（6）旧奉天駅（瀋陽駅）

　旧奉天駅は、満州国時代には文化と産業の中心地となっており、数多くの日本人が暮らしていた地域でもある。日本人の商店街も構成されており、奉天での暮らしぶりを描いた書

籍も数多く出されている。図46の奉天駅は当時の写真で、図47は現在の保存状況である。言い伝えでは、東京駅丸の内駅舎を参考に設計したという説もある。実際には両翼に部屋が増設されており、当時よりもやや拡大されていることがわかる。さらに興味深いことは、図48に示した駅前広場に建てられていた建造物がほとんど保存されており、現在でも使用され続けていることである（図49）。明治チョコレートの看板が特徴的なビルも当時は旅館として使用されていたが、現在でもホテルとして活用されている。また、写真右側のビルも旅行代理店や飲食店が入っており、現在でも様々な店舗が利用している。近付いてみると、当時の煉瓦建築のままの状態で保存されているが、当時の赤煉瓦の雰囲気はなく、煉瓦壁に茶色の塗装をしていることがわかった。このように保存されていることで、素材情報や材質情報も確認することができる。

図46　奉天駅

図47　瀋陽駅（旧奉天駅）

図48　奉天駅前広場

（7）奉天春日町（瀋陽太原街）

　奉天春日町は、当時は大規模な日本人街であり、駅から徒歩圏内という好立地でもあった。満州国時代の伝統的な日本人の住居兼店舗形式となっており、1階で店舗を経営し、2階で暮らすというスタイルが採用

されていた。また、駅に近い場所では
個人営業の店舗が多いが、駅から離
れ、当時の奉天神社に近付くに連れて
大手企業の店舗やオフィスが立ち並ん
でいたことがわかる。図51は当時の
春日町の写真であり、中央にみえる伊
勢屋は、伊勢丹の前身企業である可能
性が高く、大変興味深いことに2013
年まで伊勢丹瀋陽店として同一の街区
に出店していたこともわかった。

図49　瀋陽駅（旧奉天駅）周辺

図50　瀋陽駅（旧奉天駅）内部の写真

　春日町を奉天神社方面に進むと、図
53に示した建造物が存在する。この
写真を見て不思議な点に気付かれる人
も少なくないが、3階部分と4階部分
の間に屋根があることである。実は満
州国時代には、武田薬品工業株式会社
奉天支店として使われていたビルであ
る（図54）。規模は3階建てで、オ
フィスビルとして使われていた。戦後
は放棄され、飲食店、オフィス、マン
ションとして使用されている。このよ
うに中国大陸では、満州国時代の建造
物が保存されているが、概ね上か横に
建造物を増築していることが多い。ま
た、その理由を現地人にヒアリングし

図51　奉天春日町

たところ、日本時代の建造物は頑丈に作られており、コンクリートに不
純物が含まれていることが少ないため、上階に上積みしても耐えられる
とのことであった。一方で、中国が当時建設した鉄筋コンクリート造建

築の場合、バケツなどの廃棄物が一緒に壁の中に埋め込まれていたりすることもあるため、そのような改修は難しいとのことであった。長い年月とともに、都市景観は大きく変わっても、当時の建造物が一部残されているため、街を歩いていても当時の様子や雰囲気を肌で感じることができる。こうした外地で日本人が、70～80年前に移住し、商店街を形成して日々暮らしていたことを想像すると、当時の日本人のエネルギーや躍動感溢れる姿が目に見えるようである。

図52　瀋陽太原街（旧奉天春日町）

(8) 新京吉野町（長春長江路）

　新京吉野町は、当時、新京駅前に設けられた日本人街であり、日本人が集う大規模な繁華街であった。新京吉野町は、大日本帝国政府関係者、陸海軍の軍人や満州国高官、南満州鉄道株式会社社員などが集う場所であり、一般市民や一般企業社員は新京ダイヤ街に繰り出していたそうである。日本国内でいう、銀座・六本木が吉野町で、新宿・渋谷が新京ダイヤ街であったとのことである。

図53　旧武田薬品工業株式会社
奉天支店跡

　図55は当時の様子を示した絵葉書で、図56は現在の様子である。中国

図54　武田薬品工業株式会社奉天支店
提供：武田薬品工業株式会社

東北部は比較的、親日家が多いと言われている地域であり、日本時代の建造物に憎しみを持って破壊するというよりも、保存再生するという試みが行われていることでも有名である。写真を片手に調査を進めると、地元住民が次々と集まってきて、この写真の建物はこれで、この建物はこっちだと説明してくれる。この新京吉野町は、1990年代までは当時の状態で残っていたそうであるが、2000年代から2010年代にかけて大規模再開発が実施され、現在ではファサード保存という手法で当時の建造物を再現しているのである。また、非常に興味深いことは、1棟や2棟残すのではなく、ワンストリートの両サイド全てファサードを再現したということである。日本企業が実施するファサード保存は、本物の建造物の表面を保存する方法か、できるだけ当初建築に対して正しく再現する方法を採用するが、このストリートの場合は、雰囲気が似ていれば良いというレベルでの再現となっている。

図55　新京吉野町

図56　長春長江路（旧新京吉野町）

図57　新京吉野町

　しかし、歴史的建造物は失われても、街の景観として残されるというのは非常に珍しい例であり、街を歩いていても当時日本人がここで生活をしていたことをより身近に理解することができるようになっている。

図 58　新京日本人街

（9）旧満州国皇宮（偽満皇宮博物院）

　旧満州国皇宮は、溥儀が新京に到着してすぐに入った宮殿である。満州国建国は、溥儀が新京駅に到着したタイミングで宣言され、当時の映像によると新京駅には、「祝満州国建国」という文字が掲げられ、五色旗がはためいていた。この映像は、戦時中を描いたドキュメンタリー番組でよく用いられるシーンである。そして溥儀は、新京市内にある国務院の前に新宮殿ができるまでの間、この仮宮殿で過ごすことになるが、新宮殿が完成する前に満州国は解体となったため、実質、最後までこの宮殿で過ごすことになった。

　図 61 は皇宮の正門であり、図 62 は満州国の紋章である。

図 59　新京ダイヤ街

図 60　新京駅

特に注目したいのは、この皇宮内に
ある勤民楼の中に、溥儀の玉座が残さ
れていることである。図63の勤民楼
のエントランスの階段において満州国
建国の祝杯をあげる映像シーンが有名
である。皇宮内に残されている建造物
は全て当時のものであり、その身に歴
史的事実を刻んだ価値のある歴史的建
造物である。図64は溥儀の玉座であ
る。謁見の際に使う程度であり、ほと
んど使われることはなかったとされて
いる。その玉座のそばには、図65の
ように日満議定書が展示されている。

　図66は溥儀の執務室である。これ
らの調度品は当時のものである。溥儀
は、執政の時代から皇帝になってもこ
の部屋で日々を過ごし、国家元首とし
ての仕事をしていた。また、満州国の
会議や会談は図67の部屋で行ってい
たのである。

　図68は仮宮殿である同徳殿である。
満州国やラストエンペラーを描いた映
画やドラマで最も多く登場する建造物
であり、溥儀や婉容皇后、側近などは
この宮殿で暮らし、日々、ピアノを弾

図61　旧満州国皇宮正門

図62　旧満州国紋章

図63　勤民楼

いたり、ビリヤードをしたりして生活していたとのことである。図69
と図70は、この宮殿のエントランスホールで、現在もその豪華絢爛ぶ
りは失われることなく保存されている。

図 64　溥儀の玉座

図 65　日満議定書

図 66　溥儀の執務室

図 67　応接室

　また、図 71 は皇宮内に作られた
プールである。溥儀もここでよく泳い
でいたそうである。傀儡政権であった
ため、溥儀や愛新覚羅一族にはほとん
ど仕事はなく、日々娯楽を楽しんで過
ごしていたという言い伝えもある。

図 68　同徳殿

（10）旧関東軍司令部・旧関東軍
　　　軍法会議・旧駐満日本大使館（中国共産党吉林省委員会）

　旧関東軍司令部は、満州国建国とともに旅順から新京に移された時に
建てられた建造物である。愛知県庁などと同じ帝冠様式の歴史的建造物

である。当時は、大陸における日本軍の総司令部のようなものであり、立ち寄り難い場所であった。また、当時は戦時中であり、八路軍の襲撃もしばしばあったとのことである。現在では中国共産党吉林省委員会として、中国政府や中国人民解放軍の施設として使われている。中国東北部の守りの要ということもあり、緊張感の漂う建造物であり、接近することは憚られるが、旅行者として撮影することは可能である。また、旧関東軍司令部は新京駅から直進した場所にあり、当時、日本人居留区と満州国政府関連施設の境界部分に置かれていた（図72）。

図69　同徳殿エントランスホール

図70　同徳殿エントランスホール

（11）旧満州国首都警察庁 （長春市公安局）

　旧満州国首都警察庁は、当時の警察組織が使用していた建造物である。現在も長春市公安局が利用している。警察組織であるため長時間の撮影は叶わなかったが、外観を見る限りでは、紋章が付け替えられている程度の変更であり、当時の状態のまま使い続けられ

図71　旧満州国皇宮内プール

ているように見える。このように内部に入ることが許されない歴史的建造物も多いが、街全体の景観として見た時には一つ一つが残されているため、都市空間として空間体験できる。こうした建造物を少しでも多く

図72　旧関東軍司令部

図73　関東軍司令部

図74　旧満州国首都警察庁

図75　満州国首都警察庁

残しておいてもらいたいものである（図74）。

（12）旧満州中央銀行（中国人民銀行）

　旧満州中央銀行は、満州国の紙幣や貨幣を発行する銀行であった。現在では、その建造物は中国人民銀行が使っており、こちらの歴史的建造物も用途変更なく、当時のままの状態で残されている。銀行建築であるため、一般市民が自由に入館することができるので大規模公共建築として空間体験できる珍しい例である。（図76）

（13）旧満州電信電話株式会社（中国聯合網絡通信集団）

　旧満州電信電話株式会社は、現在、中国聯合網絡通信集団が使用して

図76　旧満州中央銀行

図77　満州中央銀行

おり、こちらも用途変更せず、当時のままの状態で利活用されている。会社組織の建造物であるため内部には立ち入ることはできないが、当時のままの状態で保存されている。（図78、79）

（14）旧満州国国務院 （吉林大学医学部）

旧満州国国務院は、現在、吉林大学医学部の研究棟として使用されている。満州国当時は、ここで内政や外交について取り決めを行っていた重要な歴史的建造物である。和漢折衷様式と呼ばれ、基本設計は日本の国会議事堂を参考に作られた。戦後は偽満州国博物館として、満州国時代の資料展示を行っていたため内部にも入れたようで

図78　旧満州電信電話株式会社

図79　満州電信電話株式会社

あるが、現在は研究棟であるため、立ち入ることはできないようになっている。エントランスホールの階段の手摺には、当時同盟国であったイタリアから贈られた大理石が使われており、一見の価値がある。これら

の歴史的建造物は80年以上が経過
し、老朽化してきているが、窓枠を
変更することや外壁の補修、内装の
変更等を行い、長く使う予定である
とのことであった。（図80、81）

図80　旧満州国国務院

（15）旧満州国軍事部・旧満州国治
##　　　安部（吉林大学医学部附属
##　　　病院）

　旧満州国軍事部は、現在吉林大学
医学部附属病院の本館と入院棟とし
て使用されている。そのため、内部
に入ることは可能である。我々が満
州国時代の写真集を片手に調査をし
ていると、当時をよく知る人々が集
まってきて、どの建造物をどこの組

図81　満州国国務院

織が使っていたといった情報を得ることができた。この歴史的建造物は
5階建ての建造物であったが、戦後、6階部分を増築し、6階建ての建
造物となった珍しい例である。図82は旧満州国軍事部の写真であり、
内部に入ると図83のような空間が広がっている。当時の建造物は、
アーチを入ると扉があり、扉を入るとエントランスホールがあり、そし
て、その奥が施設になっているという構造になっている。また、エント
ランスの柱にはいくつもの鋲の跡があり、この建造物の主が時代によっ
て入れ替わっていったことがわかる（図84）。このように建造物に接
し、様々なディテール情報を読み取れるのも、満州国時代の歴史的建造
物が残されているからである。こうした歴史的建造物も、その多くは外
観や内観が大幅に変更されているが、旧満州国軍事部の建造物について
は、一層、追加されているだけでそれ以外の部分は、大幅な変更は少な

く、当時の様子を外部、内部からも空間体験できる貴重な建造物である。

（16）旧満州国司法部（吉林大学）

　旧満州国司法部は、旧満州国国務院と並び立っている歴史的建造物である。この建造物も同じく、吉林大学の校舎として使用されている。国務院と同様に、窓枠や外壁、内装などの改修工事が実施されており、80年以上が経過した現在でも大切に保存し、維持管理がなされている。これらの建造物について、地元住民にヒアリングしたところ、日本が建てた建造物は頑丈であり、耐震なども考えられているので80年以上経過しても使い続けることができるといった回答を得ることができた。当時、満州国国都建設五ヶ年計画の中で、莫大な日本の国家予算を投じて建設された建造物であるだけに、国家の威信をかけて建設したので、現在でも古ぼけることなく使い続けられるということもよくわかる（図85）。

（17）旧満州国綜合法衙（中国人民解放軍空軍長春461医院）

　旧満州国綜合法衙は、中国人民解放軍空軍長春461医院として使用され

図82　旧満州国軍事部

図83　旧満州国軍事部

図84　旧満州国軍事部柱

図85　旧満州国司法部　　　　　　　　　　　図86　満州国司法部

ている。この建造物は、外観も内装も当時の状態からほとんど手を加え
られていない歴史的建造物である。また、病院建築であるため、建造物
に近付くことや内部に入ることも可能であり、当時の様子を体験するこ
とができる。また、外壁等の修復も行われていないため、劣化の状態な
ども確認することができ、当時の空気感を感じ取ることができる。しか
しながら、長春駅から見ると最も遠い場所に位置するため訪問する場合
には、公共交通機関を利用する必要がある。このように国家的な機関と
して建てられた建造物であるだけに、大学建築や病院建築に流用しやす
かったものと考えられる。内部に入ると、巨大な空間が広がっており、
大きな廊下を行くと個室が無数に存在するため、研究室や診察室などに
転用が効きやすかったようである（図87）。

（18）哈爾濱駅

　哈爾濱駅は、満州国でも最北に位置する街で、ロシア、中国、満州国
の交通の要衝にもなっていた。また、哈爾濱駅は、日本の初代内閣総理
大臣であった伊藤博文が暗殺された場所である。また、東京駅丸の内駅
舎同様に、事件現場の床には鋲が打ち込まれており、当時の様子を理解
できるような展示が残されていたが、近年実施された大規模改修工事に
よって解体撤去されたとのことである。

　図90は、当時の哈爾濱駅の様子を描いた絵葉書であり、図91は現

図 87　旧満州国綜合法衙

図 88　満州国綜合法衛

在の哈爾濱駅の写真である。よく比較
してみると駅舎の雰囲気が似ているよ
うに見える。戦後に、図90の駅舎は
解体され、その後、鉄筋コンクリート
造の三角屋根の駅舎が建設されたが、
最近になって旧駅舎の雰囲気を再現し
た新駅舎が建設されている。当時は、
この形状の駅舎は、哈爾濱ヤマトホテ
ルが立地する側の出口にのみ存在した
が、現在では両側の駅舎共に同一のも
のが建設されている。規模的には当時
の5～10倍あり、内部に入ると巨大
な吹き抜けの空間がつくられている。
当時は、田舎町の駅といった様相を呈
していたが、現在では新幹線も停車す
るターミナル駅となっているため、規
模が拡大されている。このように一度

図 89　満州国綜合法衛

図 90　哈爾濱駅

解体して数十年が経過した後に、同一街区に同様のデザインの駅舎を建
設するという、何とも不思議な事例も中国大陸には存在する。日本同様
に、歴史的建造物を一時解体するといった流れに移したことは似ている

図 91 哈爾濱駅

図 92 哈爾濱駅構内

図 93 モストワヤ街

図 94 モストワヤ街

が、日本は、当初建築に忠実に復原・復元あるいは再現しようとするが、中国は、似せて再現するといったことになっており、両国を比較するだけでも大変興味深い状況である。中国は、満州国時代の歴史的建造物を解体せずに使い続けている。一方、日本国内では、戦前の歴史的建造物は、その多くが戦災で失われ、残っていたものであっても老朽化して解体されてしまっているため、現物を見るには中国大陸を訪問する必要がある。

　このように、中国大陸においては、1棟のみならず、街区全体の歴史的建造物が残されているため、街全体の景観を見ることもでき、都市空間全体の空間体験ができることも大きな魅力である。

近現代のハイブリッド構造

日本工業倶楽部会館
東京中央郵便局
旧神戸居留地十五番館

（1）日本工業倶楽部会館

　日本工業倶楽部会館は1920年（大正9年）に、丸の内に建設された会館である。地上5階建てで、鉄筋コンクリート造、一部鉄骨造の建造物である。場所は、丸の内の旧伝奏屋敷跡に建設され、設計は横河民輔と松井貴太郎が担当した。さらに内装は、橘教順と鷲巣昌が担当した。建築様式は、セセッション様式で、正面エントランスは、ドーリア式オーダーの列柱が配されたデザインとなっている。さらに、屋上には小倉右一郎作のブロンズ像が設置されており、戦前の日本経済を代表する石炭をイメージした「ハンマーを持った男性像」と紡績をイメージした「糸巻きを持った女性像」がある。

　この歴史的建造物は、国によって1999年（平成11年）8月23日に登録有形文化財として登録されたが、関東大震災によってかなりの被害に遭っており、次に同等の地震が発生すると倒壊の恐れがあったため、2003年（平成15年）に西側の棟を残し、中央棟と東側の棟を解体して、再現する方法で建て替えを実施した非常に珍しい例である。図1は、竣工当時のポストカードであり、図2は復

図1　日本工業倶楽部会館（竣工当時）

原後の写真である。この歴史的建造物
は、三菱地所が三菱一号館の再現に先
駆けて実験的に取り組んだ建造物であ
り、あらゆる技術的な挑戦を行ってい
る。西側の棟を完全保存し、さらに、
西側の外壁を竣工当時のまま残し、い
つでも見ることができるようになって
いる。そして、保存した棟は、倒壊し

図2　日本工業倶楽部会館（復原後）

ないように免震装置の上に乗せ、中央棟と東側の棟も竣工当時の状態と
同等のレベルで再現したのである。特に内装は、調度品の多くを残し、
再利用できる部材は再利用しながら再現した。

　このように、完全保存が叶わなかった建造物であっても一部を完全に
残し、それ以外の部分を正確に再現するという非常に珍しい例である。
こうすることで、竣工当時の外観を損なうことなく、当時の様子を残し
たまま、現代のオフィスビルにリニューアルすることができるため、こ
れからの時代にはマッチングしている仕組みといえる。これまでのファ
サード保存技術は、ビルの表面に薄皮一枚貼り合わせただけといったも
のや、一部を完全に作り変えてしまうという建造物が多くあったが、こ
の方法を用いることで、内部空間も再現できるため、より良い手法とい
える。

図3　日本工業倶楽部会館外壁

図4　日本工業倶楽部会館内観

図 5　テラス

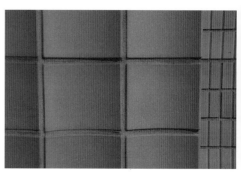

図 6　再現されたテラコッタレンガ

図 7　ステンドグラス

図 8　大階段

図 9　大食堂

図 10　大会堂

（2）東京中央郵便局（JP タワー）

東京中央郵便局は、東京郵便局とも
呼ばれ、現在ではJPタワーとなって
いる。1931年（昭和6年）に、吉田
鉄郎によって設計された建造物である
（図13）。地上5階・地下1階・塔屋
3階建てで、現在は、地上38階・地
下4階・塔屋3階建てとなっている。
竣工当時はRC造であり、現在は、鉄
骨造・一部SRC造である。2012年
（平成24年）に、東京駅丸の内駅舎
の復原と併せてリニューアルオープン
した。建築様式はモダニズム建築であ
る。

この歴史的建造物は、保存解体には
賛否両論あったが、政治的背景もあ
り、保存が決定した非常に珍しい例で
ある。また、保存に際しては、重要部
分を完全保存し、それ以外の部分をビ
ルにするといった効率的な手法を採用
している。前述した日本工業倶楽部会
館と違う点は、日本工業倶楽部会館
は、一部の棟を完全に保存し、それ以
外の部分を再現した上で、後ろにビル
を建設するという手法であったのに対
して、東京中央郵便局は、メインスト
リートに面している部分を全て完全保
存し、後ろ側の部分を解体した上で、

図11　東京中央郵便局（JP タワー）
（復元後）

図12　東京中央郵便局（JP タワー）
（復元後）

図13　JP タワー内の表示
「定礎皇紀 2591 年」

高層ビルにするという手法が採用された点である。また、表面のファサードを保存しただけでなく、表面に接している部屋を全て保存し、商業施設や博物館として利活用しているほか、郵便局長室は当時のまま残されており、誰でも気軽に立ち寄れるようになっている。さらに、当時、郵便集配室があったエリアは吹き抜けとなっており、郵便局内の広い空間を体験できるような演出があり、工夫が凝らされている。

　図14は、竣工当時の東京中央郵便局のポストカードであり、図11と図12は復元後の写真である。外観は当時のまま残されているため、当時の雰囲気を感じ取ることができるようになっている。

（3）旧神戸居留地十五番館

　旧神戸居留地十五番館は1880年（明治13年）に建てられ、1995年（平成7年）に倒壊し、1998年（平成10年）に完全復原が実施された非常に珍しい歴史的建造物である。神戸居留地が存在した当時に建てられたため設計者は不明であるが、今も、兵庫県神戸市中央区浪花町に残る歴史的建造物である。旧神戸居留地十五番館は2階

図14　東京中央郵便局（竣工当時）

図15　旧郵便局長室（JPタワー内）

図16　旧神戸居留地十五番館

建てで、桟瓦葺の木骨煉瓦造の建造物である。建築様式はコロニアル様式であり、当該街区に残る数少ない建造物の一つである。

　図16は、旧神戸居留地十五番館（復原後）の写真である。阪神淡路大震災によって一度は倒壊したが、死傷者を出さなかった数少ない建造物であったため、同一街区に復原することができた貴重な建造物である。旧神戸居留地内で個人が所有していた洋館で現存するものはこの一棟のみとなっている。様々な外国商社や大使館などとして使用され、その後、株式会社ノザワが取得したことによって保存される運命を辿った。阪神淡路大震災以前には、国の文化財登録がなされていたため、詳細に実測した実測図面などが残っていたことや、津波等が発生しなかったため、部材が同一街区から散逸しなかったことなどが保存へとつながった。

　中にはレストランが入っており、今でも当時の雰囲気で、ランチやディナーができるようになっている。外観も内装も竣工当時の部材をふんだんに利活用しているため、当時の居留地時代の雰囲気を肌で感じ取ることができるようになっている。明治時代からの場所で、建てられた当時の部材のままで現存しているのはほとんど見られないため、大変貴重な文化財といえる。また、保存されているからこそ当時の暮らしや様子なども伺い知ることができるため、こうした建造物を少しずつ増やしていく必要がある。

　さらに興味深いことに、当該建造物は、復原の際に免震装置の上に乗せられたことで、前後左右に動くようになったため、中庭に降りる階段は空中に浮いている状態である。また、地下一階部分に降りると水道管やガス管は関節が設けられており、近代と現代の技術が融合していることもわかる。このように歴史的建造物は延命して、大切に長く使い続けられているものもある。

図 17　神戸居留地

図 18　境界杭

図 19　列柱

図 20　カフェスペース

図 21　テラス

図 22　ガス管

図 23　階段

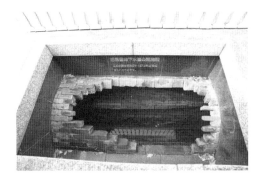

図 24　旧居留地下水道

心のふるさと歴史的建造物

自由学園明日館
武庫川女子大学甲子園会館（旧甲子園ホテル）
ヨドコウ迎賓館（旧山邑邸）

　現存し、同一街区に保存され、利活用されている事例は、「自由学園明日館」と「武庫川女子大学甲子園会館（旧甲子園ホテル）」、「ヨドコウ迎賓館（旧山邑邸）」が代表例である。明日館やヨドコウ迎賓館は、フランク・ロイド・ライトが設計した建造物であり、甲子園会館はフランク・ロイド・ライトの弟子である遠藤新が設計した建造物である。いずれも、当時に近い状態で保存されており、現在でも利活用されている大変貴重な例である。

（1）自由学園明日館

　明日館は、様々な目的で利用されており、自由学園の記念館としての役割のほか、生涯学習の教室、カフェスペース、結婚式場などとして広く市民に愛されている。また、館内を自由に観覧することができるようになっており、当時、女学生がここで学び学友とともに充実した日々を過ごしていた様子が伺えるようである。日本国内では、フランク・ロイド・ライトの建造物で、自由に出入りでき、綺麗な状態で保存・整備され残されている唯一の例である。（図1-4）

図1　自由学園明日館

図2　自由学園明日館

図3　ステンドグラス

図4　食堂

(2) 武庫川女子大学甲子園会館（旧甲子園ホテル）

　甲子園会館は、武庫川女子大学建築学部が使用するキャンパスと
なっている。竣工当時は、甲子園ホテルとして開業し、東の帝国ホテ
ル、西の甲子園ホテルと評されたほどの格式の高いホテルであった。ホ
テルとして使われていた部屋は改装して教員の個人研究室となり、バン
ケットホールなどは講堂として使われている。関係者へのヒアリングで
は、大変興味深い話もあり、当時のバンケットホールの蛍光灯を取り換
えた際に、照明器具の中から当時の年号入りのシャンパンのコルク栓が
出てきたそうで、当時ここがホテルとして使用されていたことが証明さ
れたとのことである。

また、近年では、役所広司主演の「日本のいちばん長い日」における皇居内のシーンのロケで使われたことでも有名となった。（図5-17）

図5　武庫川女子大学甲子園会館
　　　（旧甲子園ホテル）

図6　エントランスホール

図7　インテリア

図8　廊下

図 9　ホール

図 10　ホール

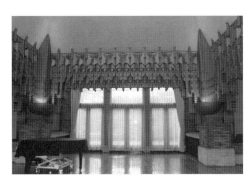

図 11　ホール

図 12　会議室

図 13　中庭

図 14　天井装飾と間接照明

図 15　食堂

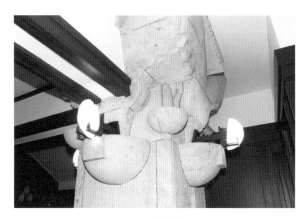

図 16　柱頭飾り

図 17　屋根装飾

(3) ヨドコウ迎賓館（旧山邑邸）

　ヨドコウ迎賓館は、当初、灘五郷の酒屋である、櫻正宗の八代目当主山邑太左衛門の別荘として建てられた建造物である。学芸員の話では、山邑太左衛門の娘が自宅を欲しいと要望したため、建てられたというエピソードもあるとのことであった。山邑太左衛門の娘婿である政治家の星島二郎が、遠藤新と親友であったため、遠藤新を通じて、当時、帝国ホテルライト館や自由学園明日館の設計のために来日していたフランク・ロイド・ライトに設計をお願いしたようである。

　その後、何年も住むことがなく、手放すこととなり、株式会社淀川製鋼所が取得することとなる。当初は社長の別邸や、会社の迎賓館として利用されてきたが、立地的な理由から、その後は社員寮として活用されていたが、役目を終えていたことや老朽化により放置され、廃墟化していた。老朽建物は景観や治安に影響するとの地域住民の指摘を受け、解体の憂き目にも遭遇するが、淀川製鋼所は、企業理念に基づき検討した結果、フランク・ロイド・ライトの設計した建造物であることなどを考慮し、保存、利活用する方針を決めた。その後大規模改修を行い、ヨドコウ迎賓館として一般公開されるようになった。フランク・ロイド・ライトの建造物としては、明日館に次いで二例目となり、いずれも動態保存という貴重な建造物となっている。（図20-33）

図18　ヨドコウ迎賓館（旧山邑邸）

図19　エントランス

図20　リビングルーム

図21　リビングルーム大型窓

図22　リビングルーム大型窓

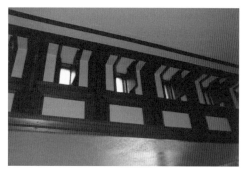

図23　リビングルーム天窓

図24　リビングルームバルコニー

図25　リビングルームバルコニー装飾

図26　リビングルーム和室

図27　食堂

図28　ミーティングスペース

図29　屋上

図 30　屋上

図 31　外観

時代とともに歩み、そして変化し続ける歴史的建造物

東京銀行協会ビル（東京銀行集会所）
東京府庁舎・三菱銀行本店・日本郵船ビル

　歴史的建造物の中でも、特異な例もいくつか存在する。その一つの例が、かつて丸の内にあった東京銀行協会ビルである。当初建築を解体し、ファサード保存をしたけれども、その後の再開発によって完全に失われてしまった事例である。わずか23年の間に、解体－復元－解体ということが行われた大変珍しい例であり、歴史的建造物の保存における一つのモデルケースといえる。

　東京銀行協会ビル一帯は、東京銀行協会ビル（東京銀行集会所）、銀行倶楽部と銀行会館で構成されていた。東京銀行協会ビルは1916年（大正5年）に、横河民輔と松井貫太郎によって建てられたモダンルネサンス様式の建築物である。煉瓦造で地上2階建て・塔屋1階建ての建造物であった。

　しかしながら、東京銀行協会ビルは、手狭であったことや、国際会議の要件も満たしていなかったこと、そして、竣工から70年が経過していたため、1985年（昭和60年）から建て替えの協議に入った。その後、保存運動が起こり、結果的に、大通りに面した二面をファサード保存することとなった。また、内部空間も主要な部分を保存することとなった。実際には、1990年（平成2年）より解体を開始し、ファサード保存を実施した上で、内側にビルを建設し、1993年（平成5年）竣工した。鉄骨造・一部鉄骨鉄筋コンクリート造で地上20階・地下4階・塔屋1階建てであった。

そして、2016年（平成28年）までオフィスビルや結婚式場として使い続けられてきたが、その後すぐに解体され、今度は、当初建築が再現されることなく新たなオフィスビルとして2020年に竣工した。みずほ丸の内タワーと新たな銀行会館が入る高層棟と、丸の内テラスとなるアネックス棟の2棟のビルで構成されている。地上29階、地下4階、塔屋2階建てで、鉄骨造、鉄骨鉄筋コンクリート造となっている。

　図1の絵葉書と同じように、図2の新しい建造物は、ファサード保存がなされており、当初建築と同じような雰囲気を感じ取ることができる。また、図3に示したように、塔屋部分のディテールなども確認すると、本当の煉瓦建築のように、煉瓦一つ一つが再現されているため、塔屋までのスカイラインに目を向けると、あたかも当時の建造物がそびえ建っているようにもみえる。しかしながら、ファサード保存の技術が出始めた頃の建造物であるため、似ていれば良いとされており、ドーマー窓の位置や窓の個数、扉の位置などが変更されており、当初建築とファサード保存された建造物を比較するとその多くで差異があることがわかる。景観

図1　東京銀行協会ビル（竣工当時）

図2　東京銀行協会ビル（復元後）

図3　塔屋部分ディテール

だけでも残されるということは重要なことであり、歴史的建造物の長い歴史の中では、完全保存への道は厳しく、一部でも保存できただけ良かったという事例であった。しかしながら、時の流れというものは、時には残酷なものであり、23 年間という短命でビル一棟の歴史そのものが終焉を迎えるということもある。つまり、周辺街区との調和や一体開発など、時の流れとともに、土地やビルの所有者が変わることや、会社などの統廃合によって組織変更が生じて方針が変わるなどすると、歴史的建造物としての価値には目を向けられずに、費用対効果などの面から、一帯の街区を解体して、新たなビルとして再開発されるということもある。都市の成長や街の高度化という意味においては、大変喜ばしい

ことではあるが、過去の景観や風景が残っていかないということは、未来の人々に対して、古き良き時代の面影を継承できないということでもあり、今後、積極的な議論が必要である。このように、せっかく、ファサードだけでも保存が叶い、日本工業倶楽部会館と同じ通りに 2 棟の歴史的建造物が保存されており、大変貴重な例であったが、近年の再開発によってその姿は失われ、この地球上から永遠に消え去ってしまった大変残念な事例でもあった。これも、時代の流れで

図 4　南側外壁

図 5　南側 2 階外壁

図6　ビルエントランス

図7　旧建築エントランス部跡

図8　西側外壁

図9　西側外壁

図10　塔屋・ドーマー窓・煙突部分

図11　みずほ丸の内タワー（現在）

あり、今後は、少しでも景観が残されていくとより良いのではないだろうか。

　丸の内周辺には、数多くの歴史的建造物が残されていたが、関東大震災、東京大空襲、高度経済成長期を経てその多くが姿を消した。そして、前述した東京銀行協会ビルのように、短期間で、保存・解体がなされ、完全に失われてしまったものもあれば、以下に示す部材の一部が同一街区に残されたものもある。しかしながら、いずれの事例も、その歴史的建造物が、その街区にかつて存在したことを示している程度であり、当時の面影までは追うことができない。今後は、一層時の経過とともに、このような事例が増えていくものと考えられる。

　以下に示すのは、東京府庁舎（東京府庁舎・東京市庁舎）の事例と、三菱銀行本店の事例、日本郵船ビル（郵船ビルディング）の事例である。

　図12は、東京府庁舎の絵葉書であり、戦中まで庁舎として使われていた。1945年（昭和20年）の東京大空襲によって被災し、以降、復元されることなく解体された建造物である。その後、丹下健三作の二代目東京都庁舎が同一街区に建設された。さらに、1991年（平成3年）に丹下健三作の新都庁（新宿副都心）へと移転した。最終的に、有楽町にあった東京都庁は再開発され、東京国際フォーラムとなり、その片隅（元

図12　東京府庁舎（竣工当時）

図13　東京府庁舎跡・東京国際フォーラム（現在）

中央エントランスがあった付近）に、かつてここの地に東京府庁舎が存在したことを示す図13の石碑と銘版が残されたのである。こうした石碑や銘版が存在することによって、かつての様子を理解することはできるが、景観も失われており、空間体験することもできないため、数多くの情報が不足しているが、全く残されないよりは良いのではないだろうか。

　さらに、かつて、東京府庁舎と向かい合うように建てられていた三菱銀行本店の建造物も、同じような状況であった。図14は、三菱銀行本店を写した絵葉書である。列柱がそびえ立つ威風堂々とした銀行建築である。当初、三菱一号館において営業していたが、手狭になったことで、三菱一号館の向かい側の街区に建設したのである。三菱銀行本店の建造物は、1916年（大正5年）より建設開始し、1922年（大正11年）に竣功した。その後、直ぐに手狭になったため、1934年（昭和9年）より新館の増築工事が開始され、1937年（昭和12年）に竣工し、一連の建設工事が完了した。しかしながら、容積率の問題や耐震・耐久性などの問題によって、1977年（昭和52年）より解体され、1980年（昭和55年）に現在の三菱UFJ銀行本店の建造物が竣工している。40年程度で役目を終えたことになる。その後、図16のように、三菱UFJ銀行本店の中

図14　三菱銀行本店（竣工当時）

図15　馬場先通りと三菱銀行本店
（竣工当時）

庭に、当時の三菱銀行本店で使われ
ていたイオニア式列柱の柱頭部分の
み保存展示されている。こうした保
存部材を見ることで、当時の建造物
がいかに巨大であったかということ
がわかる。しかしながら、柱頭のみ
の保存であるため、高さなどの情報
は失われているため、規模感という
ことを理解するには情報が不十分で
ある。時の流れとは、時に残酷であ
り、人命優先ということで、耐震・
耐久性上問題であると判断されれば、
やむを得ず解体の憂き目となり、こ
の世から消滅することはしばしば起
きることである。都市の進化と発展
のためには仕方のないことではある
が、その一部でも、もう少し空間把

図16　三菱銀行イオニア式列柱柱頭・
三菱 UFJ 銀行本店前（現在）

図17　日本郵船ビル（竣工当時）

握ができる程度は残してもらいたいものである。

　最後に、図17は、日本郵船ビルの絵葉書である。1920年（大正9
年）より建設が開始され、1922年（大正11年）に発生した大地震に
よって一度被災し、修復を経て1923年（大正12年）に竣工した。竣
工後すぐに関東大震災で再び被災し、外壁が崩壊するなどの被害が発生
した。そして、1976年（昭和51年）に、新館建設のために解体された
歴史的建造物である。東京駅前の街区であり、丸ビルと皇居に挟まれた
好立地な場所に建てられた建造物であった。解体に際しては、図18に
示した装飾品が保存され、新館のエントランス部分に展示されている。
近年になり、図18の装飾品は、丸の内から常滑市にある INAX ライブ
ミュージアムに移設されたとのことである。

この丸の内一帯を見ても、一丁倫敦と呼ばれていた時代から、一丁紐育と呼ばれる時代まで長く、煉瓦建築や石造建築、そして鉄筋コンクリート造建築が街を彩っていたが、その面影は、東京駅丸の内駅舎や東京中央郵便局（JPタワー）、三菱一号館、日本工業倶楽部会館、明治安田生命館、第一生命館など指折り数える程度しかない状況である。これらの歴史的建造物が、これからも失われることなく、後世に対して残されていくことを願うばかりである。

図18　日本郵船ビル装飾・
日本郵船ビルエントランス付近
（現在）

10 多摩地域の戦争遺構と 航空宇宙開発

中島飛行機 東京製作所・中島飛行機 武蔵製作所
中央工業南部製作所・日立航空機立川工場

　これまで、歴史的建造物の保存や解体について論じてきたが、本学が立地する多摩地域に目を向けると、歴史的建造物の多くは解体されてしまっているが、その一部は、戦争遺構として残されているものもある。多摩地域は、戦前から戦時中にかけては、中島飛行機を中心とした戦闘機開発の一大拠点となっており、中島飛行機武蔵製作所や中島飛行機東京製作所として存在した。戦後は、戦争遺構として施設の一部が残されたほか、航空宇宙産業の拠点としても利活用された。その後、1960年代の高度経済成長期から、1980年代のバブル期を経て、企業の大規模工場が地方移転するなどしたため、その多くは解体されてしまい、現存する歴史的建造物は少ない。跡地には石碑が建てられるなど、軍需産業や航空産業、そして宇宙産業が盛んな地域であったことがうかがわれる。

図1　日産自動車荻窪工場
提供：日産自動車株式会社

図2　中島飛行機東京製作所正門　提供：日産自動車株式会社

図3　旧中島飛行機発動機発祥の地

図4　ロケット発祥の地

図 5　中島飛行機武蔵製作所
米国国立公文書館原蔵　武蔵野市立武蔵野ふるさと歴史館提供

図 6　中島飛行機武蔵製作所地下道跡

図 7　中島飛行機武蔵製作所跡・武蔵野中央公園

図8　日本の宇宙開発発祥の地

図9　早稲田実業学校高等部テニスコート　ペンシルロケット発射ピット所在地

図10　東京調布飛行場門柱

特に、日立航空機立川工場変電所跡などは、太平洋戦争中の機銃掃射の跡なども残っており、いかに戦闘が激しいものであったかがわかる。

　日本郵船小樽支店の事例でも、日本が戦争をする国であったことは理解できるが、日立航空機の変電所跡の方では、一層その事実を理解させられる状況となっている。

　数多くの戦争遺構が失われつつある現代において、大変貴重な歴史的建造物である。

図11　日立航空機立川工場変電所跡

図12　日立航空機立川工場変電所跡

図 13　日立航空機立川工場変電所・給水塔

図 14　日立航空機立川工場変電所跡

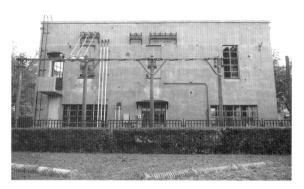

図 15　日立航空機立川工場変電所跡

11 武蔵国府に生まれて

武蔵国総社 大國魂神社・武蔵国府
徳川家康府中御殿・京王線 中河原駅
野口酒造 中久本店

(1) 府中市の文化と歴史

　府中は大化の改新以降武蔵国の国府が置かれた地で、政治、経済、文化の中心地として栄えてきた。また市内には大國主命を祭神とする大國魂神社がある。西暦111年に創建されたとされている。

　府中市は、大國魂神社の「くらやみ祭り」が有名である。大國魂神社内の宝物殿には、鎌倉時代に作られた狛犬や、随神門に付けられていた江戸時代の部材なども保管されており、歴史的建造物の保存に力を入れている。また、図1、2のように大太鼓を引いて市内を練り歩くという催事も行われており、文化や歴史が継承されている街である。

(2) 武蔵国府と徳川家康府中御殿

　武蔵国府と徳川家康府中御殿は、2011年より発掘調査が始まり、2018年に、「国司館と家康御殿史跡広場」として一般公開された。これまで武蔵国府や徳川家康府中御殿は、大國魂神社周辺にあったとされてきたが、発掘調査の結果、場所が確定された。建造物は現存しないが、場所が特定されたことで、新たな発見もあることだろう。史跡内からは、武蔵国府時代の柱の跡や、徳川家の葵の紋が入った屋根瓦などが出土しており、その瓦の葵紋が家康時代の形状をしていたことから、江戸時代初期に建てられたことが明らかになった。これらの歴史史料は、府中市郷土の森博物館に保存されている。(図1-8)

図1　府中市制施行65周年記念パレード

図2　府中市制施行65周年記念パレード

図3　国司館と家康御殿史跡広場

図 5　国史跡武蔵国府跡武蔵国衙跡地区

図 4　国司館と家康御殿史跡広場

図 6　国史跡武蔵国府跡武蔵国衙跡地区

図 7　国史跡武蔵国府跡武蔵国衙跡地区

図 8　国史跡武蔵国府跡武蔵国衙跡地区

（3）京王線と再開発

　京王線の立体化は、1960年代から始まり、現在まで、高架化や地下化が継続的に実施されている。図9と図12は、京王線中河原の旧駅舎である。図15は、1960年代〜1970年代にかけて実施された同駅の高架化工事の写真である。立体化事業は、交通渋滞が解消されて利便性が向上し、踏切が減少、安全性が向上することで高速運転が可能となり、都心と多摩地域のアクセスが良好になりとても良いことではあるが、幼き頃の原風景が失われるのも一抹の寂しさがある。できる限り映像や写真で残しおきたいものである。また、その対比として、2022年に同一の場所を訪問したところ、同様の風景として残っている場所もあればそうでない場所もあり、都市空間を観察する上でも、大変興味深い事例である。

図9　京王線中河原駅（1960年）
提供：京王電鉄株式会社

図10　京王線中河原駅（2022年）

図11　京王線中河原駅（2022年）

図12　京王線中河原駅（1960年）
提供：京王電鉄株式会社

図13　京王線中河原駅（2022年）

図14　京王線中河原駅（2022年）

図15　京王線中河原駅（1973年）
提供：京王電鉄株式会社

図16　京王線中河原駅（2022年）

図17　京王線中河原駅（1973 年）
提供：京王電鉄株式会社

図18　京王線中河原駅（2022 年）

図19　京王線中河原駅（1973 年）
提供：京王電鉄株式会社

図20　京王線中河原駅（2022 年）

図21　京王線中河原駅（1973 年）
提供：京王電鉄株式会社

図22　京王線中河原駅（2022 年）

図 23　京王線中河原駅（1973 年）
提供：京王電鉄株式会社

図 24　京王線中河原駅（2022 年）

図 25　京王線中河原駅（1977 年）
提供：京王電鉄株式会社

図 26　京王線中河原駅（2022 年）

図 27　京王線中河原駅（1978 年）
提供：京王電鉄株式会社

図 28　京王線中河原駅（2022 年）

(4) 野口酒造　中久本店

図 29　野口酒造　中久本店

　野口酒造中久本店は、万延元年
(1860 年)に、大國魂神社の神人
(じにん)として仕え、神社で使
用する御神酒造りを依頼され、初
代当主である野口久兵衛が「中
屋」として、武蔵府中にて酒造り
を行った。「中屋」の「久兵衛」
ということで「中久」と呼ばれる
ようになった。その当時から残る
土蔵建築が現在でも府中の地に残
されている。さらに、注目すべき
ことは、土蔵建築が保存されてい
るだけではなく、内部をリニュー
アルし、実際に、カフェとして利
活用されていることによって、空
間体験が可能であり、市民の憩い
の場としての拠点になっているこ
とである。旧甲州街道と府中街道
の交差点に位置し、交通の要衝で

図 30　旧甲州街道を行く葬儀の列（昭和 12 年）
『写真集 むかしの府中（明治〜昭和 20 年代)』
（府中市）より

もあり、古くから続く府中宿の中心地でもあるため、現在でも人の集う
場所となっている。こうした歴史的建造物が残ることによって、地域に
活力を与えることにもつながっている。(図 29、30)

12 歴史的建造物の未来への継承

旧藤枝本町駅・旧国立駅・旧丸ビル・旧三菱一号館
ワープステーション江戸・博物館 明治村
江戸東京たてもの園・府中市郷土の森博物館

　ここでは、歴史的建造物を未来に継承しようとしている 3 事例を紹介する。一部の部材を利活用した事例、移築保存している事例、再現している事例をあげる。

（1）藤枝本町駅万年筆の取り組み

　本取り組みは、2016 年（平成 28 年）に藤枝本町駅が解体された際に、一部の部材を筆者がもらい受けて取り組んだものである。藤枝本町駅は、当時の静岡鉄道駿遠線・藤相線という軽便鉄道に属する駅で、藤枝駅から大手駅の間にあった駅である。廃止後は民家として使用され、作業場となっていたが、解体する運びとなった。解体時には、地元住民から、「高校時代この柱の前で待ち合わせをし、それが今の旦那です。」といった話や、「戦前、ここで兵士を見送った。」といったような話が飛び出し、歴史の重みを感じる柱を何かに活用できないかといった議論があり、万年筆やボールペン、シャープペンシルなどの素材にすることを発案し、実施することにした。さらに、この取り組みは、「藤枝おんぱく 2017」とも連動させたものとし、「静鉄 100 周年企画　歴女と行く　藤相線　時をかける旅」として、駿遠線・藤相線の廃線跡を歩きタイムスリップを体感しようというものであった。（図 1-4）

図 1　旧藤枝本町駅駅舎跡

図2　旧藤枝本町駅駅舎跡

図3　旧藤枝本町駅駅舎跡

図4　藤枝本町駅の駅舎の部材で作ったボールペン

（2）国立駅旧駅舎ペーパーウェイトの取り組み

　国立駅旧駅舎ペーパーウェイトの取り組みは、槙野岳志氏が手掛けた国立駅舎の解体部材を利活用した事例である。国立駅の旧駅舎は、1926年（大正 15 年）に建てられた木造で三角屋根が特徴的な駅舎であり、地元住民から愛されてきた。しかしながら、2006 年（平成 18 年）に JR 中央線の立体高架化工事に伴い解体され、駅舎としての役目を終えることとなった。その後、解体を惜しむ声が多くあったため、2018 年（平成 30 年）より、復原再築工事が実施され、2020 年（令和 2 年）に完成しオープンした大変貴重な歴史的建造物である。

　国立市は、その解体の際に、老朽化が激しく、復原再築において再利用不可能な部材を一般市民に広く提供し、利活用することを募集したところ、多くの応募者があり、その一人が槙野氏であった。槙野氏の提案は、レジンを用いてペーパーウェイトを作るというものである。レジンの中に、国立駅旧駅舎のマスコットキャラクターと解体部材の一部を沈め、レジンを削り出すことによって、解体部材を触れるようにするという画期的な手法で、解体部材を再生したのである。この作品は、現在、国立駅旧駅舎内にあるグッズショップでも販売されており、歴史的建造物を肌で感じてもらい、身近に置いてもらうことによって、継承していってもらおうという取り組みである。（図 5、6）

図 5　国立駅旧駅舎ペーパーウェイト

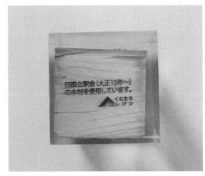

図 6　国立駅旧駅舎ペーパーウェイト底面

（3）木楽舎つみ木研究所による旧丸ビルの松杭の取り組み

　木楽舎つみ木研究所による旧丸ビルの松杭の取り組みは、山梨にある
木楽舎つみ木研究所の荻野雅之氏によるものである。2001 年に三菱地
所株式会社が管理運営していた丸ビル（丸の内ビルヂング）が解体され
る運びとなった際に、丸ビルの地下から 5,443 本の松杭が発掘され、そ
れらの木材を使ってつみ木を作り、未来の子供たちに歴史や文化、街づ
くりなどの大切さを継承していくため計画したものである。

　荻野氏が、松杭（オレゴンパイン）をすぐに製材加工したところ、木
の内部の色が鮮やかであることや、木の木目、カットする位置によって
色が異なることなどを発見し、つみ木造りのイメージがさらに広がった
とのことであった。この松杭は、江戸時代頃にアメリカのオレゴン州の
森で植えられ、年月をかけて成長し、そして、70 年以上もの間、丸の
内の地中に埋まっていたものがつみ木になることによって、姿形を変え
ながら、人々の手によって新しい命を宿すといった大変貴重な取り組み
である。また、荻野氏は、北海道産の松を使用した三菱一号館の杭でも
つみ木造りを開始し、三菱一号館のつみ木と丸ビルのつみ木を組み合わ
せることで、日本とアメリカの松がコラボレーションした事例である。
（図 7-12）

図7　丸ビルの地下から出土した松杭

図8　丸ビルの地下から出土した松杭

図9　丸ビルの松杭で制作したつみ木

図10　荻野雅之氏

図11　丸ビル松杭を使ったつみ木ワークショップ

図12　三菱一号館の松杭

(4) ワープステーション江戸

　ワープステーション江戸は、株式会社 NHK エンタープライズが管理運営するロケ施設である。この施設は、江戸時代以前の武家屋敷や城、宿場町などのゾーンと、明治・大正・昭和初期の街並みを再現した近現代ゾーンで構成されている。特に、近現代のゾーンでは、NHK の大河ドラマや戦時中のドラマの撮影などが行われており、当時の浅草や銀座、丸の内、新宿などの街並みを連想させる街区となっている。さらに、一筋入ったところには、すずらん灯が立ち並ぶ旧商店街なども再現されており、住宅街や商店街の撮影から、都市の街中の撮影までが行えるようになっている。しかし、これらの街並みは、特定の街を再現したものではなく、当時一般的であった看板建築や煉瓦建築、石造建築などを模して造られており、街の雰囲気を体験するには良い場所となっている。このように、都市全体を再現した施設は少なく、また、明治・大正・昭和初期の街並みは、関東大震災や東京大空襲などによって失われてしまっているため、大変貴重な例である。また、ロケ施設であるため、原寸大ではなく、2/3 程度の縮尺となっているほか、内部空間は、外観上 2 階建てであっても、吹き抜けになっており、ハリボテという状況なので、内部の空間は、いずれにせよセットを組む必要があるとのことであった。(図 13-17)

図 13　ワープステーション江戸・近現代ゾーン

図14　ワープステーション江戸・近現代ゾーン内部構造

図15　ワープステーション江戸・近現代ゾーン

図16　ワープステーション江戸・近現代ゾーン　看板建築群

図17　ワープステーション江戸・近現代ゾーン　すずらん灯商店街

（5）博物館 明治村

図18　帝国ホテルライト館（竣工当時）

図19　旧帝国ホテルライト館（移築後）

　博物館明治村は、歴史的建造物の保存に対して積極的に取り組んでいる施設である。明治時代の建造物を中心に、日本全国に立地していた建造物を移築して集中管理し、博物館として一般公開している。日本全国から観光客が訪問するなど大変人気の高い観光スポットとなっている。さらに、戦前戦中のドラマや映画などのロケにも積極的に使われており、歴史的建造物を動態保存している例としては大変興味深い。特に、

人気を集めているのは、旧帝国ホテルライト館であり、当時の豪華絢爛な帝国ホテルの空間体験ができるようになっている。さらに、2階には喫茶店が営業しており、日比谷にあった当時の様子を感じ取ることができるようになっている。

　しかし、欠点もあり、当初材を使って復原ができなかったということと、建物の向きが移築後変わったため、ステンドグラスの輝きが損なわれたことである。ここまで大規模な公共建築が移築されて残されているということ自体が、大変珍しいことであり、フランク・ロイド・ライトの愛好家や研究者も足しげく通う場所となっている。（図18-30）

図20　旧帝国ホテルライト館ステンドグラス

図21　明治村・旧帝国ホテルライト館

図22　旧帝国ホテルライト館エントランスホール

図23　当時の様子を再現したエリア

図24　ポーツマス条約の机

図25　大谷石の彫刻とステンドグラス

図26　柱頭飾り

図27　旧帝国ホテルライト館屋根装飾

図28　旧帝国ホテルライト館背面

図29　旧帝国ホテルライト館中央玄関入口

図 30　明治村全景

(6) 江戸東京たてもの園

　江戸東京たてもの園は、東京都内にあった歴史的建造物を中心に移築保存している施設である。江戸時代の八王子千人同心組頭の家や、明治時代の高橋是清邸、そして、明治時代から大正時代にかけてのデ・ラランデ邸、昭和初期の看板建築である三省堂などが保存されている。これらも移築保存であるため、内部の空間体験が可能であり、また、東京都心部からもアクセスの良い地域であるため、人気のスポットとなっている。以前は、入館者もまばらであり、閑散としていた時期もあったが、実写版「この世界の片隅に」のロケの他、NHK 朝の連続テレビ小説のロケなども行われており、現在では、常に混み合っている。（図 31-34）

図 31　八王子千人同心組頭の家

図 32　都電車両

図 33　デ・ラランデ邸

図 34　看板建築群

(7) 府中市郷土の森博物館

　府中市郷土の森博物館は、府中市内の歴史的建造物を移築保存している施設である。当施設は、本館（常設展示とプラネタリウム）、庭園、歴史的建造物の4つのエリアで構成されており、今回は、歴史的建造物について紹介する。

　当施設にある歴史的建造物は、旧田中家住宅（府中宿の大店）、旧島田家住宅、旧府中町役場庁舎、旧府中郵便取扱所（旧矢島家住宅）、旧河内家住宅、旧越智家住宅、旧三岡家長屋門、水車小屋、まいまいず井戸、柄鏡形敷石住居跡などである。

　特に、旧府中町役場庁舎と旧島田家住宅は、市内中心部にあった建造物であり、数多くの歴史写真集に登場する歴史的建造物である。内部も当時の状態が再現されており、実際に当時の様子を空間体験することができるようになっている。また、複数の施設が融合しているため、市民の憩いの場としても大変人気のスポットとなっている（図35-45）

図35　府中町役場

図36　カウンター

図 37　エントランスホール

図 38　エントランスホール

図 39　階段

図 40　館内展示と解体部材図

図 41　執務室

図 42　二階展示室

図 43　府中町役場

図 44　当時の府中町役場
『写真集 むかしの府中（明治〜昭和 20 年代）』（府中市）より

図 45　島田薬局

第 2 部　主な住所一覧

1
日本郵船小樽支店　北海道小樽市色内 3-7-8

2
三菱一号館　東京都千代田区丸の内 2-6-2

3
旧新橋停車場　東京都港区東新橋 1-5-3

4
お茶の水橋　東京都文京区湯島 1 丁目と神田駿河台 2 丁目の間の神田川にかかる

5
東京駅丸の内駅舎　東京都千代田区丸の内 1-9

7
日本工業倶楽部会館　東京都千代田区丸の内 1-4-6
東京中央郵便局　東京都千代田区丸の内 2-7-2
旧神戸居留地十五番館　兵庫県神戸市中央区浪花町 15

8
自由学園明日館　東京都豊島区西池袋 2-31-3
武庫川女子大学甲子園会館（旧甲子園ホテル）　兵庫県西宮市戸崎町 1-13
ヨドコウ迎賓館（旧山邑邸）　兵庫県芦屋市山手町 3-10

9
東京銀行協会ビル（東京銀行集会所）　東京都千代田区丸の内 1-3-1
東京府庁舎　東京都千代田区丸の内 3-5
三菱銀行本店　東京都千代田区丸の内 2-7-1
日本郵船ビル　東京都千代田区丸の内 2-3-2 郵船ビル

10

中島飛行機 東京製作所（杉並区立桃井原っぱ公園）　東京都杉並区桃井 3-8-1

中島飛行機 武蔵製作所（武蔵野中央公園）　東京都武蔵野市八幡町 2-4-22

中央工業南部製作所（早稲田実業学校）　東京都国分寺市本町 1-2-1

日立航空機立川工場（東大和南公園）　東京都東大和市桜が丘 2・3 丁目

11

武蔵国総社 大国魂神社　東京都府中市宮町 3-1

武蔵国府　東京都府中市宮町 2-5-3

徳川家康府中御殿　東京都府中市本町 1-14

京王線 中河原駅　東京都府中市住吉町 2-1-16

野口酒造 中久本店　東京都府中市宮西町 4-2-1

12

旧藤枝本町駅　静岡県藤枝市藤枝 4-8

旧国立駅　東京都国立市北 1-14

旧丸ビル　東京都千代田区丸の内 2-4-1

旧三菱一号館　東京都千代田区丸の内 2-6-2

ワープステーション江戸　茨城県つくばみらい市南太田 1176

博物館 明治村　愛知県犬山市字内山 1 番地

江戸東京たてもの園　東京都小金井市桜町 3-7-1

府中市郷土の森博物館　東京都府中市南町 6-32

まとめと今後の課題

　これまで述べてきたように、歴史的建造物は、長い年月をかけて継承され、保存利活用されることで、その価値や意味が見出されてきた。しかしながら、日本国内においては、関東大震災や東京大空襲などの災害により、貴重な建造物が数多く失われてしまった。さらに、その後の高度経済成長期で、都心部に残されていた歴史的建造物は、次々に解体され、現代的なビルへと建て替えられていった。歴史的、文化的、学術的観点からすると、歴史的建造物は保存することが望ましいが、長い年月の中で老朽化が進み解体されることも致し方がないが、解体の前に建物をデジタル情報化（デジタルアーカイブ化）して残すとともに、部材を保存するなどして、後世に継承していくことが重要である。

　また、幸運にも保存され、利活用が決まった歴史的建造物は、ただ保存するだけではなく、その建造物の中で起きた歴史上の史実なども残す工夫をすることで、より、その建造物の魅力が増すと考える。

　歴史的建造物が保存・継承されることの最大の効果は、人々が、「その場を訪れることができる」、「その内部で空間体験ができる」という2点にあると考える。江戸時代以前の歴史的建造物などは、寺社仏閣を除き、その多くが現在では、残っておらず、この辺りに存在したという記録しか残っていないことが多い。例えば、坂本龍馬が暗殺された近江屋跡は、現存せず、商店街の一角に「坂本龍馬・中岡慎太郎遭難の地」という石碑が残るだけである。また、関東大震災で倒壊した浅草十二階として有名な「凌雲閣」も、倒壊後に埋められてしまったため、正確な場所は定かではなく、2018年に浅草二丁目ビルの工事現場で基礎部分が発見されて話題を呼んだ。このように、失われた建造物を探し出すのは極めて困難であり、一度失われると、多くの情報も建物と同様に消失するため、現物保存が可能であれば、保存価値のある建造物は残していくことが重要である。

年を重ねる度に、周辺の風景は様変わりしている。ふと気付けば、幼き頃の原風景を見ることもできなくなっていた。人は、徐々に風景が変わる分には違和感を覚えることなく、日々を過ごしていくが、長い年月を経てふと気が付けば別世界が広がっていたといったことに驚きをかくせないことも起きるのではないだろうか。現代を生きる我々の世代は、その変化の中を生きてきているのでよいが、次の世代、さらに次の世代には、こうした変化をその目で見ることができるよう今この瞬間を画像や映像で少しずつ残しておくことが後世の人々へのメッセージカードとなるように考える。

　歴史的建造物は現物保存が原則であるが、できないものは、デジタルデータ化し、デジタルアーカイブ化しておくことがよい。

　人が、過去を思い、偲ぶのは、その時代を生きてきたからである。未来の人が過去を想像するのに最も有効な手段は、ビジュアル化されたものを見ることである。二次元空間上に落とし込まれた情報だけでは過去の建造物を具現化することには限界があるため、現物が残されている間に、建造物の中で、体感し、その目にその姿を焼き付けてデジタル化に役立てることが重要である。

　本書を執筆しているさなかも、ファサード保存がなされていた東京銀行協会ビルが解体され、当初建築物も、再現建築物も世から失われるということもあった。歴史的建造物が解体されることは、時代の流れの中で、仕方のないことではあるが、貴重な歴史的建造物が後世まで保存されるような仕組みができればよいと考える。

　最後に、歴史的建造物を通して、過去の人々と対話し、これまで日本や日本人が歩んできた歴史にもう一度耳を傾けて、新しい世界の発見をしてもらいたい。

著　者

内藤 旭惠（ないとう あきえ）

多摩大学経営情報学部准教授
2004年明星大学情報学部経営情報学科卒業、2006年早稲田大
学大学院情報生産システム研究科修了、2010年法政大学大学院
経営学研究科修了、2017年早稲田大学大学院国際情報通信研究
科単位取得満期退学。博士（国際情報通信学）（早稲田大学）取得。
2006年～2011年NECエンジニアリング株式会社所属、2011
年～2012年目白大学社会学部メディア表現学科助教、2012
年～2021年静岡産業大学情報学部情報デザイン学科専任講師、
2021年より現職。NECエンジニアリング時代には、放送映像
システムの開発や人工衛星の筐体設計にも携わった。
専門は、経営情報、デジタルアーカイブ、歴史的建造物の保存。
代表的な著書に『多摩学　経営情報学から見た「多摩圏」』（多摩
大学出版会、2022）共著がある。

近代建築の投影
歴史的建造物の光と影

著　者：内藤旭惠

発行日：2022年3月31日　初版第1刷

発　行：多摩大学出版会
　　　　代表者　寺島実郎
　　　　〒206-0022
　　　　東京都多摩市聖ヶ丘4-1-1 多摩大学
　　　　Tel　042-337-1111（大学代表）
　　　　Fax 042-337-7100

発　売：ぶんしん出版
　　　　東京都三鷹市上連雀1-12-17
　　　　Tel 0422-60-2211　Fax 0422-60-2200

印刷・製本：株式会社 文伸

ISBN 978-4-89390-188-0
Ⓒ Akie NAITO 2022 Printed in Japan